+DIANZI SHANGWU JICHU

电子商务基础

主　编　程　驰　郭江霞

副主编　童茂开　付　刚　陶剑鸣　钟　敏

参　编　黄科于　程　欢　罗　鹏　周　燕

李惠英　王文璐　张　丽　钟　丽

贺良清　李义容

重庆大学出版社

图书在版编目(CIP)数据

电子商务基础 / 程驰，郭江霞主编. -- 重庆：重庆大学出版社，2021.3

ISBN 978-7-5689-1160-3

Ⅰ.①电… Ⅱ.①程… ②郭… Ⅲ.①电子商务—中等专业学校—教材 Ⅳ.①F713.36

中国版本图书馆 CIP 数据核字(2018)第 172872 号

电子商务基础

主　编　程　驰　郭江霞

副主编　童茂开　付　刚　陶剑鸣　钟　敏

策划编辑：陈一柳

责任编辑：文　鹏　邓桂华　　版式设计：陈一柳

责任校对：谢　芳　　　　　　责任印制：赵　晟

*

重庆大学出版社出版发行

出版人：饶帮华

社址：重庆市沙坪坝区大学城西路 21 号

邮编：401331

电话：(023)88617190　88617185(中小学)

传真：(023)88617186　88617166

网址：http://www.cqup.com.cn

邮箱：fxk@cqup.com.cn (营销中心)

全国新华书店经销

POD：重庆新生代彩印技术有限公司

*

开本：787mm×1092mm　1/16　印张：8.75　字数：193 千

2021 年 3 月第 1 版　2021 年 3 月第 1 次印刷

ISBN 978-7-5689-1160-3　定价：25.00 元

QIANYAN
前　言

电子商务这种基于国际互联网络进行商务活动的现代商务方式，突破了传统商务在时间、地域上的限制，成为方便、快捷、安全可靠的新兴电子化商务活动模式。电子商务喷薄而出的巨大商业价值，为企业认可并重视，国家从政策上、企业从资金上、全民从行动上全面推进电子商务的发展，电子商务将逐渐成为社会生活的主要方式，也将成为数字化社会的基础。无论是个人，还是企业都需要懂电子商务、会运用电子商务。电子商务基础是中等职业学校电子商务专业的基础课程，旨在让学生能够全面了解电子商务的相关知识和运行流程，并能将其运用于电子商务实践活动中。

本书按电子商务的构建与运行所需环境，按项目组织教材内容，教材中每个项目涉及的知识和操作技能都来自电子商务的实践，可以一边学习一边操作，让学习者轻松体会到学习的价值和乐趣，不断强化学习的目的性。在教材结构规划、内容组织、文字编撰等方面，始终坚持以人为本的原则，体现了中等职业教育电子商务专业学生在知识与技能、过程与方法、情感态度与价值观等方面的基本要求。本书图文并茂，文字通俗易懂，内容安排突出“学生为中心，能力为本位”的教育理念，方便教师以新课程的理念来组织教学，教师成为学生学习的组织者参与者和引领者，让学生去探究、发现、实践以提高运用电子商务的实践能力。

全书包括走进电子商务世界、电子商务的模式、电子商务安全、网上支付、电子商务物流和网络营销六个项目。

项目一　走进电子商务世界，介绍了电子商务的基本概念和组成要素，电子商务的类型和电子商务实施的技术条件和社会条件。

项目二　电子商务的模式，主要介绍了电子商务的三种常见模式，即 B2B、B2C、C2C 的运作方法和交易流程以及各自适应的交易领域。

项目三　电子商务安全，介绍了电子商务安全的基本内容及要求，从计算机网络安全和信息安全两个方面介绍了保障电子商务安全的技术实现和实践应用。

项目四　网上支付,介绍了网上支付的常用工具及特性和使用条件,重点介绍了使用网上银行实现网络支付必需的知识和技能。

项目五　电子商务物流,介绍了物流的基础知识和运作流程,物流与电子商务的关系,重点介绍了现代物流的发展及对电子商务的支撑作用。

项目六　网络营销,介绍了与电子商务相关的网络营销的基本概念和主要形式,突出了主流网络营销手段的应用技术和效果分析,为选择营销工具和营销策略提出了参考建议。

本书由程驰、郭江霞担任主编,童茂开、付刚、陶剑鸣、钟敏担任副主编,参加编写的人员有:黄科于、程欢、罗鹏、周燕、李惠英、王文璐、张丽、钟丽、贺良清、李义容。教学改革既需要在教学思想、教学观念上进行变革,也需要在教材编写、教学方法、教学手段上进行更新。我们尝试做了一些工作,希望能为教学改革尽一点微薄之力。但由于我们水平有限,经验不足,编写的时间又过于仓促,教材尚待进一步改进、充实和完善,希望能与同行交流。书中难免存在疏漏和错误,敬请使用者批评指正。

编　者

2020 年 6 月

MULU

目　录

项目一

走进电子商务世界

【学习要点】

始于 1997 年的中国电子商务已经走过了二十几年的历程。从最初的强调“互联网、新经济”的技术属性,到现在对“商务”本质的返璞归真,社会各界对电子商务的理解不断深入。从 B2B、B2C、C2C 再到如今的 C2B,电子商务的商业模式与运营形态正在走向多元化。越来越多的人开始认识到,电子商务不只是一个新产业,更是一个全新的商业时代。

学习完本项目后,你将能够:

- 了解电子商务的内涵、特点、功能及发展史。
- 理解电子商务运行模式、实施流程。
- 明确电子商务专业的就业方向与岗位。

通过实地调研或网络调研,形成对电子商务及其发展现状的正确认识。

任务一　认识电子商务

一、什么是传统商务

传统商务起源于史前,当我们的祖先开始对日常活动进行分工时,商业活动就开始了。每个家庭不再像以前那样既要种植谷物,又要打猎和制造工具,而是专心于某一项活动,然后用他们的产品换取所需之物。例如,制造工具家庭可以和种植谷物家庭互换产品。在这些原始的活动中,无形的服务也开始了买卖,例如,巫医通过巫术或求神换取食品或工具。最终,货币的出现取代了易货贸易,交易活动变得更容易了。然而,贸易的基本原理并没有变化。所以,商务或商务活动就是至少有两方参与的有价物品或服务的协商交换过程,它包括买卖各方为完成交易所进行的各种活动。

企业的商务活动不仅是采购与销售,还包括很多其他活动。例如:产品的销售方需要了解顾客的需要,从而向潜在顾客促销产品,接收订单,支付产品,开具票据,接收付款,向顾客提供售后服务等。当然,产品的购买方也要参与很多业务活动,他们必须明白自己的需要,确定能够满足这些需要的产品并对这些产品做出评价。然后,他们要订购所需的产品,确定商品的交付方式并付款。在很多情况下,买方需要就产品的质量保证与售后服务问题与卖方保持联系。

二、什么是电子商务

在互联网技术迅速发展的今天,网上订购 CD,网上订花,网上订餐,网上订票,网上购物,网上交易……电子商务这一词汇开始频繁地出现在人们的日常生活当中。组织和个人都对电子商务有了不同程度的认识,人们对电子商务的兴趣也与日俱增,但是可能有许多人只是认为,电子商务就是网上购物。其实当今的电子商务领域并不局限于网上购物或买卖,还包括其他更多的业务。那么,到底什么是电子商务呢?电子商务有狭义与广义之分,一般我们认为的电子商务是指广义的电子商务(E-Business),狭义的电子商务我们称为电子商业(E-Commerce)。电子商业(E-Commerce)是指实现整个贸易过程中各阶段贸易活动的电子化。从涵盖范围方面可以定义为,交易各方以电子交易方式而不是通过当面交换或直接面谈方式进行的任何形式的商业交易;从技术方面可以定义为,电子商业是众多技术的集合体,包括交换数据(如电子数据交换、电子邮件)、获得数据(如共享数据库、电子公告牌)以及自动捕获数据(如条形码)等。

电子商务(E-Business)是利用网络实现所有商务活动业务流程的电子化,不仅包括电子商业面向外部的业务流程,如网络营销、电子支付、物流配送等,还包括企业内部的业务流程如企业资源计划、管理信息系统、客户关系管理、供应链管理、人力资源内部管理、网上市场调研、战略管理及财务管理等。

综合各方面的不同看法,结合我国电子商务的实践,可以将电子商务的概念做如下表述:电子商务系指交易当事人或参与人利用计算机网络贸易和技术(主要是互联)等现代信息技术所进行的各类商务活动,包括货物贸和知识产权贸易。这里的"利用信息技术和计算机网络"和"进行商务活动"都具有丰富的含义。

传统企业要进行电子商务运作,重要的是优化内部管理信息系统(Management Information System,MIS)。MIS 是企业进行电子商务的基石。MIS 本质上是通过对各种内部信息的加工处理实现对物流、资金流、信息流的有效管理和控制,从而最终扩大销售,降低成本,提高利润。

三、电子商务与传统商务的区别

1. 商务工具的变迁

电子商务与传统商务其核心都是商务,只是手段、工具不同。早在 1839 年,当电报刚出现时,人们就开始了对运用电子手段进行商务活动的讨论。随着电话、传真、电视、计算机网络等工具的诞生,商务活动中可应用的工具也得到了补充。

2. 电子商务与传统商务的比较

通过前面我们对电子商务与传统商务的分析可以看出,电子商务与传统商务可从信息取得、流通方式、流通渠道、交易对象、交易时间、消费者的便利性等方面进行比较,如表 1-1 所示。

表 1-1 电子商务与传统商务的比较

项 目	传统商务	电子商务
信息提供	根据销售商的不同而不同	透明、准确
流通渠道	企业→中间商→消费者	企业→消费者
交易对象	部分地区	全球
交易时间	营业时间内	二十四小时全天候
销售方法	企业推动式	消费者拉动式
顾客便利性	受时间、地点的限制,便利性弱	不受任何限制,自由式,便利性强
客户管理	需要很长时间掌握顾客需求,不便于客户管理	能够迅速掌握顾客需求,便于客户管理
销售场地	需要销售空间,有门店	虚拟空间

四、电子商务的功能与特点

1. 电子商务的功能

电子商务可提供网上交易和管理等商务活动全过程的服务。因此,它具有企业业务组织、信息发布与广告宣传、咨询洽谈、网上订购、网上支付、网上金融与电子账户、信息服务传递、意见征询和调查统计、交易管理等各项功能。

(1)企业业务组织

电子商务是一种基于信息的商业进程,在这一进程中,企业内外的大量业务被重组,使整个企业更有效地运作。企业对外通过 Internet 加强了与合作伙伴之间的联系,打开了面向客户的窗口;对内则通过 Intranet 提高业务管理的集成化和自动化水平,以实现高效、快速和方便的业务活动流程。

(2)信息发布与广告宣传

企业可以在互联网上发布各类商业信息和企业信息,以供客户浏览。客户可借助网上的搜索引擎工具迅速地找到所需商品信息,而商家则可利用网上主页和电子邮件在全球范围内作广告宣传。与以往的各类广告相比,网上的广告成本更为低廉,宣传范围覆盖全球,同时能给顾客提供更为丰富的信息。

(3)咨询洽谈

在电子商务活动中,顾客可以借助非实时的电子邮件(E-mail)、新闻组(News Group)和实时的论坛(BBS)来了解市场和商品信息,洽谈交易事务,如有进一步的需求,还可用网上的交互平台来交流即时的图文信息。网上的咨询和洽谈能超越人们面对面洽谈的限制,提供多种方便的异地交谈形式,甚至可以在网络中传输实时的图片和视频片段,产生如同面对面交谈的感觉。

(4)网上订购

网上订购通常都是在产品介绍的页面上提供十分友好的订购提示信息和订购单。当客户填完订购单后,系统会通过发送电子邮件或其他方式通知客户确认订购信息。通常,订购信息会采用加密的方式来传递和保存,以保证客户和商家的商业信息不会泄露。

(5)网上支付

对于一个完整的电子商务过程,网上支付是不可缺少的一个重要环节。客户和商家之间可采用虚拟电子货币、网银在线、信用卡等系统来实现支付。网上支付比起传统的支付手段更为高效和方便,可节省交易过程中许多人员的开销。不过,由于网上支付涉及机密的商业信息,所以,它需要更为可靠的信息传输安全性控制以防止欺骗、窃听、冒用等非法行为出现。

(6)网上金融与电子账户

网上的支付需要电子金融来支持,即银行或信用卡公司以保险公司等金融机构为客户提供可在网上操作的金融服务,而电子账户管理是其基本的组成部分。信用卡号或银行账号是电子账户的一种标志,其可信度需配合必要的技术措施来保证,如数字凭证,数字签名、加密等手段的应用,为电子账户操作提供可靠的安全保障。

(7)信息服务传递

交易过程中的信息服务传递,如订货信息、支付信息、物流配送信息等均可通过各种网络服务来实现。另一方面,软件、电子读物、信息服务等,可直接通过网络传递到客户手中。

(8)意见征询和调查统计

在网页上采用“选择”“填空”等问卷调查方式收集用户对产品及服务的反馈意见使企业的市场运营形成一个回路。通过对反馈意见的分析,以及对交易数据的统计,可以了解用户的需求和爱好,有效地把握市场的发展趋势,使企业获得改进产品、扩大市场的商业机会。

(9)交易管理

在商务活动中,对整个交易过程的管理涉及人、财、物多个方面以及企业与企业、企业与客户、企业内部等各方面的协调和管理,因此,交易管理涉及商务活动的全过程。

2. 电子商务的特点

电子商务综合运用信息技术,以提高贸易伙伴间商业运作效率为目标,将一切交易全过程中的数据和资料用电子方式实现,在整个商业运作过程中实现无纸化、直接化。电子商务可以使贸易环节中各个参与者更紧密地联系,更快地满足需求,在全球范围内选择贸易伙伴,以最小的投入获得最大的利润。

电子商务与传统的商务活动相比,具有以下几个特点。

(1)交易虚拟化

通过对互联网进行的贸易活动,贸易双方从贸易磋商,签订合同到支付等,无须当面进行,均可通过计算机在互联网上完成,整个交易都可在网络这个虚拟化的环境中进行。对卖方来说,可以到网络管理机构申请域名,制作自己的主页,组织产品信息上网。而虚拟现实、网上聊天等新技术的发展使买方能够根据自己的需求选择商品,并将信息反馈给卖方。通过信息的交互传递,签订电子合同,完成交易并进行电子支付,实现整个交易的完全虚拟化。

(2)交易成本低

电子商务使得买卖双方的交易成本大大降低,具体表现在以下方面。

距离越远,网络上进行信息传递的成本相对于信件、电话、传真而言就越低。此外,电子商务还可缩短信息传递时间,减少数据重复录入,降低信息成本。

买卖双方通过网络进行商务活动,不需要中介者参与,减少了交易的环节,减少了流通成本。

卖方可通过互联网进行产品介绍、宣传、节省了在传统方式下的广告制作及印刷制品等的费用,降低了宣传成本。

电子商务实行"无纸贸易",可减少 90% 的文件处理费用,降低管理成本。

互联网使买卖双方即时沟通供需信息,使无库存生产和无库存销售成为可能,从而使库存成本尽可能为零。

企业利用内部网(Intranet)可实现"无纸办公(OA)",提高了内部信息的传递效率,节省了时间,同时降低了管理成本。通过互联网把公司总部、代理商以及分布在其他国家的子公司、分公司联系在一起,及时对各地市场情况做出反应,及时生产,及时销售,降低存货,快捷配送,从而降低产品成本。

传统的贸易平台是地面店铺,新的电子商务贸易平台则是一台联网的计算机,大大降低了经营成本。

(3)交易效率高

由于互联网将贸易中的商业报文标准化,使商业报文在世界各地的传递能在瞬间完成,计算机自动处理数据,使原料采购、产品生产、需求与销售、银行汇兑、保险、货物托运及申报等过程不需要专人干预,就能在最短的时间内完成。电子商务克服了传统贸易方式的费用高、易出错、处理速度慢等缺点,极大地缩短了交易时间,使整个交易非常快捷与方便。

(4)交易透明化

电子商务使买卖双方从交易的洽谈、签约以及货款的支付、交货通知等整个交易过程都在网络上进行。通畅、快捷的信息传输可以保证各种信息之间互相核对自动化、实时化,降低伪造信息的可能性。例如,在典型的许可证 EDI(Electronic Data Interchange,电子数据交换)系统中,由于加强了发证单位和验证单位的通信、核对,假的许可证就不易漏网。

(5)提升企业竞争力

电子商务使得许许多多的中小企业也可以通过网络实现全天候、国际化的商务活动。通过网络进行宣传、营销,可以创造更多的销售机会,从而提高企业的竞争力。

(6)促进经济全球化

电子商务使得世界各地的人们都可以了解到国际上的商业信息,加速了信息沟通和交流,促进了国际商务活动的开展,跨国商务活动变得越来越简易和频繁,适应了经济全球化的发展趋势。

五、电子商务的优势与劣势

1. 电子商务的优势

企业对电子商务感兴趣的理由非常简单——电子商务可以为企业带来利润。对企业来说,电子商务的优势可以归纳为一句话:电子商务可以增加销售额并降低成本。一家小企业在网上做广告可以把企业的促销信息传递到世界各地的潜在客户那里。企业也可以通过电子商务将信息传递到在地球上极为狭小的目标市场。互联网和WWW 创造了虚拟社区,这些虚拟社区就可以成为企业理想的目标市场。

企业在销售商品和处理订单时,用电子商务可以降低询价、报价和确定现货等活动的处理成本。例如,戴尔公司通过互联网销售计算机。由于这些活动不需要客户服务代表,公司的运营效率非常高。

电子商务可以增加卖方的销售机会,也同样可以增加买方的购买机会。企业在采购时可以利用电子商务找到新的供应商和贸易伙伴。在电子商务中,由于互联网的强大交互性,买卖双方之间的讨价还价也非常便利,从而可以降低交易成本。

电子商务同时给买方提供了更多的选择,因为买方可以选择更多卖方的产品和服务,买方每天二十四小时都可以与卖方接触,可以得到更多有关产品的信息。

电子商务的优势可以直接惠及整个社会,互联网可以安全、迅速、低成本地在本地实现税收、退休金和社会福利金的电子结算。电子商务可以帮助人们实现在家工作、在家学习。我国 2004 年“非典”时期电子商务的发展便是一个最好的实例。

2. 电子商务的劣势

有些业务流程也许永远也不能使用电子商务。例如,无论将来技术如何进步,易腐食品和珠宝古董等物品都不能远程检验。电子商务的劣势主要在于关键技术的不成熟。例如,在中国大部分农民还没有计算机,特别是中西部地区的信息化技术程度还很低。

企业在采用任何新技术之前都要计算投资收益情况,而电子商务的投资收益很难计算,一般投资期较长。中国知名电子商务网站阿里巴巴直到 2002 年才赢利一元钱。同样,电子商务的实施并不是简单的技术、手段的改变,还存在着理念上的改变。很多企业实施电子商务还会遇到消费习惯和观念上的障碍,例如,一些消费者不愿在互联网上发送信用卡号码,许多 50 岁以上的人不相信网络的安全,不相信网上购物。

六、电子商务的概念模型

电子商务的概念模型是对现实中电子商务活动的一般抽象描述，它由交易主体、电子市场、交易事务和信息流、资金流、物流等基本要素组成。在这一模型中，交易主体是能够从事电子商务活动的组织或个人，电子市场是电子商务主体从事商品和服务交换的虚拟场所，它由各种各样的商务活动参与者利用各种通信装置，通过网络连接成一个统一的经济整体；交易事务是交易主体从事的具体的商务活动内容，例如，询价、报价、转账支付、广告宣传、商品运输等。

电子商务的任何一笔交易都包括信息流、资金流、物流和商流。信息流既包括商品信息提供、网络促销、技术支持、售后服务等内容，也包括各种单证的传递以及交易双方的支付能力、信誉等。资金流主要指资金的转移过程，包括转账、付款、兑换等过程。物流主要是指商品实体的空间转移，包括装卸、运输、配送、储存、包装等环节。对于一些数字化产品，可以通过网络自己送。商流指交易双方进行交易和所有权转移的过程，商流标志着交易的最终实现。

七、电子商务的框架构成和流程

下面以电子商务中的各个角色来阐述电子商务的框架构成，并在此基础上，分析电子商务的流程、分类和特点等。

1. 电子商务参与要素

电子商务的基本组成要素有网络、用户、配送中心、认证中心、银行、商家等。

(1)互联网、内联网和外联网

互联网是电子商务的基础，是信息流与资金流传送的载体。内联网是企业内部商务活动的场所。外联网是企业与企业之间及企业与个人进行商务活动的纽带。

(2)网上商城与消费者

网上商城既是买方又是卖方，它既要从网上收集信息，从生产厂家订货，又要发布信息，向消费者销售商品。消费者是个人最终用户，他们通过浏览网页，收集商品信息，实现足不出户的网上购物。

(3)认证中心

认证中心是法律承认的权威机构，负责发放和管理电子证书，使网上交易的各方能相互确认身份。电子证书是一个包含证书持有人个人信息、公开密钥、证书序号、有效期、发证单位的电子签名等内容的数字文件。

(4)物流中心

物流中心接受商家送货请求，组织运送无法从网上直接得到的商品，跟踪产品的流向，将产品送到最终客户手中。

(5)网上银行

网上银行在网上实现在线转账业务，为用户提供二十四小时实时服务；与信用卡公司合作,发放电子钱包,提供网上支付手段,为电子商务中的客户服务。

2. 电子商务的框架

电子商务影响的不仅仅是交易各方的交易过程,它在一定程度上改变了市场的组成结构。传统的市场交易链是在商品、服务和货币的交换过程中形成的。现在,电子商务在其中强化了一个因素——信息,于是就有了信息商品、信息服务和电子货币。在这里,贸易的实质并没有变,但是贸易过程中的一些环节所依附的载体发生了变化,也相应改变了形式。从单个企业来看,贸易的方式发生了一些变化;从整个贸易环境来看,有的商业机会消失了,同时又有新的商业机会产生,有的行业衰退了,同时又有别的行业兴起了,从而使得整个贸易过程呈现出一些崭新的面貌。

同互联网的其他许多应用一样,电子商务的兴起也伴随着大量技术名词的涌现。

这在很大程度上使得原本就有些不清楚的用户更加迷惑,而对同一事物的不同叫法更加重了这种情况,如“信息高速公路”“互联网”“虚拟空间”这三者有什么根本区别呢?因此,了解电子商务的基础设施构成对于企业发展电子商务是十分必要的。

3. 电子商务的流程

在全面了解电子商务流程以前,先看一下一般网上购物的流程。

①你在某电子商务网站订购了三件商品,该网站的一台计算机负责这一工作,计算机把你的订单(一本书、一个游戏软件和一台数码相机)发送到网站配送中心之一。

②在一个地方配送中心,客户的订单被传送到离客户最近、有客户所需商品的配送仓库。计算机会告诉送货员应该去什么地方取货。

③所有商品都放入一个大货篓中,货篓中堆放着许多顾客订购的商品,在这个大仓库的传送带上走上一段路程。机器扫描每件商品上的条形码,同时配送中心的几百名工人也将监督这一工作。

④你要的三件商品在货运斜管中汇合,然后被装入纸箱。所有货篓都被传送到中心点。在那里,工人核对商品条形码与订单号,以确认哪些商品归哪些顾客,你所订购的三件商品最后被装入货运斜管中,然后装入一个纸箱。工人在纸箱上贴上一种新条形码,用来表明你所购买的商品。

⑤工人将商品装箱、贴胶带、称重、贴标签,最后箱子被装入一辆卡车,离开仓库。选择相应的送货方式,将商品送到你手中。

完整的电子商务过程包括交易前的准备,交易中的磋商、订立合同与执行、支付与清算,交易后的售后服务等环节。

任务二　认识电子商务的技术需求

电子商务是当代信息社会中网络技术、电子技术和数据处理技术在商业领域中综合应用的结果,它集中体现了整个信息技术的最新发展。了解电子商务的主要技术需求,对于我们更好地开展电子商务活动,学习和掌握电子商务技术是很有必要的。本任务要求你：

①知道电子商务中采用的计算机网络技术。

②知道电子商务中的 Web 技术。

③了解数据库技术在电子商务中的应用。

④了解 EDI 的含义及电子商务中的 EDI 应用。

一、电子商务中的计算机网络技术

计算机网络化是信息社会的重要特征之一。在电子商务的应用中，Internet 和各种专用网络是基础设施。计算机网络技术是电子商务技术中处于最底层、最基础的技术。

①你认为网络技术的发展是否对电子商务的发展起到了极大的促进作用。

(　　)是(　　)否

②请你通过 Internet、图书馆等查询与计算机网络相关的资料，谈一谈你对计算机网络发展的认识。

③请你通过 Internet、图书馆等查询与计算机网络相关的资料，谈一谈计算机网络的分类。

④请你谈一谈 Internet 的功能。

【学路领航】

计算机网络源于计算机与通信技术的结合，它经历了从简单到复杂、从单机到多机、从终端与计算机之间通信到计算机与计算机直接通信的发展时期。概括起来可以分为 4 个阶段：远程终端联机系统阶段、计算机网络阶段、计算机网络互联阶段和信息高速公路阶段。

- 20 世纪 50 年代初，以单台计算机为中心的远程联机系统开创了把计算机技术和通信技术相结合的尝试。这类简单的“终端—通信线路—面向终端的计算机”系统，构成了计算机网络的雏形。严格地说，它和现代的计算机网络相比，存在根本的区别。当时的系统除了一台中央计算机外，其余的终端设备没有独立处理数据的功能，当然还不能算是真正意义上的计算机网络。为了区别以后发展的多个计算机互联的计算机网络，人们称它为面向终端的计算机网络，又称为第一代计算机网络。

- 20 世纪 60 年代中期，出现了若干个计算机主机通过通信线路互联的系统，开创了“计算机—计算机”通信的时代，并呈现出多个中心处理机的特点。20 世纪 60 年代后期，ARPANET 网是由美国国防部高级研究计划局 ARPA(目前称为 DARPA，Defense Advanced Research Projects Agency)提供经费，联合计算机公司和大学共同研制而发展起来的，主要目标是借助通信系统，使网内各计算机系统间能够相互共享资源。它最初投入使用的是一个有 4 个节点的实验性网络。ARPANET 网的出现，代表着计算机网络的兴起。人们称它为第二代计算机网络。

• 20 世纪 70—80 年代中期是计算机网络发展最快的阶段，通信技术和计算机技术互相促进，结合更加紧密。局域网诞生并被推广使用，网络技术飞速发展。为了使不同体系结构的网络也能相互交换信息，国际标准化组织（ISO）于 1978 年成立了专门机构并制定了世界范围内的网络互联标准，称为开放系统互联参考模型（Open Systems Inter-connection/Reference Model，OSI/RM），简称 OSI。进入 20 世纪 90 年代后，局域网技术发展成熟，局域网已成为计算机网络结构的基本单元。网络间互联的要求越来越强烈，并出现了光纤及高速网络技术。随着多媒体、智能化网络的出现，整个系统就像一个对用户透明的大计算机系统，千兆位网络传输速率可达 1 GB/s，它是实现多媒体计算机网络互联的重要技术基础。从 1983 年至今，Internet 从一个小型的、实验型的研究项目，发展成为世界上最大的计算机网，真正实现了资源共享、数据通信和分布处理的目标。人们把它称为第三代计算机网络。

• 信息高速公路阶段就是把信息的快速传输比喻为"高速公路"。所谓信息高速公路，就是一个高速度、大容量、多媒体的信息传输网络。计算机网络面向互联化、高速化、智能化和全球化发展。

【日积月累】

• 计算机网络是指将地理位置不同的具有独立功能的多台计算机及其外部设备，通过通信线路连接起来，在网络操作系统、网络管理软件及网络通信协议的管理和协调下，实现资源共享和信息传递的计算机系统。

• 在远程终端联机系统阶段，计算机技术与通信技术结合，形成初级的计算机网络模型。

• 在计算机网络阶段，在计算机通信网络的基础上，形成了网络体系结构与协议完整的计算机网络。

• 在计算机网络互联阶段，计算机解决了计算机联网与互联标准化问题，提出了"开放式系统互联参考模型"，Internet 诞生。

• 在信息高速公路阶段，计算机网络面向互联化、高速化、智能化和全球化发展，并且迅速得到普及，实现了全球化应用。

【学路领航】

1. 计算机网络的分类

计算机网络的划分标准形式有很多，可以从不同的角度将网络划分为不同的类别。本书主要将网络按地理范围划分为局域网、城域网和广域网。

（1）局域网

局域网（Local Area Network，LAN）是指在一个局部的地理范围内（如一个学校、工厂和机关内），一般是方圆几千米以内，将各种计算机、外部设备和数据库等互相连接起来组成的计算机通信网。它可以通过数据通信网或专用数据电路，与远方的局域网、数据库或处理中心相连接，构成一个较大范围的信息处理系统。局域网可以实现文件管理、应用软件共享、打印机共享、扫描仪共享、工作组内的日程安排、电子邮件和传真通信服务等功能。局域网严格意义上是封闭型的，它可以由办公室内几台甚至上千上万台计算机组成。决定局域网的主要技术要素为网络拓扑、传输介质与介质访问控制方法。

(2)城域网

城域网(Metropolitan Area Network，MAN)是指在一个城市范围内所建立的计算机通信网，简称 MAN，属宽带局域网。由于采用具有有源交换元件的局域网技术，网中传输时延较小，它的传输媒介主要采用光缆，传输速率在 100 MB/s 以上。MAN 的一个重要用途是作为骨干网，通过它将位于同一城市内不同地点的主机、数据库及 LAN 等互相连接起来。

(3)广域网

广域网(Wide Area Network，WAN)也称远程网。它通常跨接很大的物理范围，所覆盖的范围从几十千米到几千千米，它能连接多个城市或国家，或横跨几个洲，并能提供远距离通信，形成国际性的远程网络。世界上最大范围的广域网就是 Internet。常见的几种广域网形式分别为公用电话交换网(PSTN)、分组交换网(X.25)、数字数据网(DDN)、帧中继(FR)、宽带综合业务数字网(B-ISDN)和异步传输模式(ATM)。

①公共电话交换网(Public Switched Telephone Network，PSTN)：是以电路交换技术为基础的用于传输模拟话音的网络。

②分组交换网(X.25)：是在 20 世纪 70 年代由国际电报电话咨询委员会 CCITT 制定的“在公用数据网上以分组方式工作的数据终端设备 DTE 和数据电路设备 DCE 之间的接口”。X.25 于 1976 年 3 月正式成为国际标准，1980 年和 1984 年经过了补充修订。

③数字数据网(Digital Data Network，DDN)：是一种利用数字信道提供数据通信的传输网，它主要提供点到点及点到多点的数字专线或专网。DDN 由数字通道、DDN 节点、网管系统和用户环路组成。DDN 的传输介质主要有光纤、数字微波、卫星信道等。DDN 为用户提供的基本业务是点到点的专线，从用户角度来看，租用一条点到点的专线就是租用了一条高质量、高带宽的数字信道。

④帧中继(Frame Relay，FR)：是由 X.25 分组交换技术演变而来的。随着通信技术的不断发展，特别是光纤通信的广泛使用，通信线路的传输率越来越高，而误码率越来越低。为了提高网络的传输率，帧中继技术省去了 X.25 分组交换网中的差错控制和流量控制功能，这就意味着帧中继网在传送数据时可以使用更简单的通信协议，而把某些工作留给用户端去完成，这样使得帧中继网的性能优于 X.25 网，它可以提供 1.5 MB/s 的数据传输率。

⑤宽带综合业务数字网(Broadband Integrated Services Digital Network，B-ISDN)：

是在 ISDN 的基础上发展起来的,可以支持不同类型、不同速率的业务,既包括连续型业务,也包括突发式宽带业务,其业务范围分布广泛,包括语音、传真、高清电视、可视电话等。

⑥异步传输模式(Asynchronous Transfer Mode,ATM):是新一代的数据传输与分组交换技术,也是网络技术研究与应用的热点。在目前的多媒体网络中需要同时传输语音、数字、文字、图形和视频等多种信息,并且不同类型的数据对传输的服务要求不同,多媒体网络应用及实时通信需要网络传输的高速率和低延迟。ATM 技术正好能满足此类应用的要求,不仅线路交换的实时性好,而且分组交换方式的灵活性也好。

2. Internet 的服务方式

Internet 即国际计算机 Internet,又称国际计算机信息资源网,它是位于世界各地并且彼此互相通信的一个大型计算机网络。Internet 采用的协议是 TCP/IP。

Internet 为人们提供了多种服务方式,包括电子邮件服务、远程登录服务、文件传输服务、WWW 服务和电子公告牌系统(BBS)。

(1)电子邮件服务

电子邮件(Electronic Mail,简称 E-mail,标志:@),又称电子信箱、电子邮政,它是一种用电子手段提供信息交换的通信方式,是 Internet 应用最广的服务,通过网络的电子邮件系统,用户可以用非常低廉的价格(不管发送到哪里,都只需负担电话费和网费即可),以非常快速的方式(几秒钟之内就可以发送到世界上任何你指定的目的地),与世界上任何一个角落的网络用户联系,这些电子邮件可以是文字、图像、声音等各种方式。同时,用户可以得到大量免费的新闻、专题邮件,并实现轻松的信息搜索。电子邮件地址的格式由 3 部分组成:第一部分代表用户邮箱的账号,对于同一个邮件接收服务器来说,这个账号必须是唯一的;第二部分"@"是分隔符;第三部分是用户信箱的邮件接收服务器域名,用以标志其所在的位置。

(2)远程登录服务

远程登录是指在网络通信协议 Telnet 的支持下,用户通过 Telnet 命令使自己的计算机暂时成为远地计算机的终端,直接调用远地计算机的资源和服务。

(3)文件传输服务

Internet 的入网用户可以利用"文件传输服务(FTP)"命令系统进行计算机之间的文件传输,使用 FTP 几乎可以传送任何类型的多媒体文件,如图像、声音、数据压缩文件等。FTP 服务是由 TCP/IP 的文件传输协议支持的,是一种实时的联机服务。

(4)WWW 服务

WWW 服务是目前应用最广的一种基本 Internet 应用,人们每天上网都要用到这种服务。通过 WWW 服务,只要用鼠标进行本地操作,就可以到达世界上的任何地方。由于 WWW 服务使用的是超文本链接(HTML),因此可以很方便地从一个信息页转换到另一个信息页。它不仅能查看文字,还可以欣赏图片、音乐、动画。最流行的 WWW 服务的程序就是微软的 IE 浏览器。

(5)电子公告牌系统

电子公告牌系统(Bulletin Board System,BBS)通过在计算机上运行的服务软件,允许用户使用终端程序通过电话调制解调器拨号或者 Internet 来进行连接,执行下载数据或程序、上传数据、阅读新闻、与其他用户交换消息等功能。目前,有时候 BBS 也泛指网络论坛或网络社群。

【眼下留神】

• 世界上最大范围的广域网就是 Internet。

• 局域网的地理覆盖范围局限在几千米之内,广域网的地理覆盖范围从几十千米到几千千米,而城域网的地理覆盖范围在局域网和广域网之间。

• 电子邮件的一般格式为用户名@服务器名,如 ty@163.com。

• FTP 是应用层的协议,它基于传输层,为用户服务,它们负责进行文件的传输。

• 通过远程登录,本地计算机便能与网络上另一远程计算机取得"联系",并进行程序交互。进行远程登录的用户称为本地用户,本地用户登录进入的系统称为远地系统。

【日积月累】

• 网络按地理范围划分为局域网(LAN)、城域网(MAN)和广域网(WAN)。

• 常见的几种广域网形式分别为公用电话交换网(PSTN)、分组交换网(X.25)、数字数据网(DDN)、帧中继(FR)、宽带综合业务数字网(B-ISDN)和异步传输模式(ATM)。

• Internet,即广域网、局域网及样机按照一定的通信协议组成的国际计算机网络。

• Internet 为人们提供了多种服务方式,包括电子邮件服务、远程登录服务、文件传输服务、WWW 服务和电子公告牌系统(BBS)。

• 电子邮件(Electronic Mail,E-mail)又称电子信箱、电子邮政,它是一种用电子手段提供信息交换的通信方式,是 Internet 应用最广的服务。

• WWW 是 World Wide Web 的缩写,中文称为"万维网""环球网"等,常简称为 Web,分为 Web 客户端和 Web 服务器程序。WWW 可以让 Web 客户端(常用浏览器)访问浏览 Web 服务器上的页面。

二、电子商务中的 Web 技术

在 Internet 发展的早期,用户必须记住烦琐的操作命令。Web 的出现使得 Internet 的易用性大大改善,极大地推动了 Internet 的普及,同时也推动了电子商务的发展。

淘宝网成立于 2003 年 5 月 10 日,由阿里巴巴集团投资创办。淘宝网是亚洲第一大网络零售商圈,其目标是致力于创造全球首选网络零售商圈。

淘宝网的成功离不开高质量的网站设计，淘宝网一直坚持不断地改进和创新，使得网站的画面更加简洁，让访问网站的人一目了然。位于主页面右上角的导航系统简单明晰，即使是新手也绝不会感到无所适从。网站上的每一项功能都有丰富而完备的辅助知识和提示，犹如一个随身顾问。网站上的商品分类井井有条，一览无余，图文清晰。所提供的搜索功能是国内 C2C 网站中最人性化的，其搜索引擎包括简单搜索和高级搜索两种，使消费者可以从各个角度对商品及卖家等进行搜索。

淘宝网的"客服中心"是其加强与用户互动的有力举措。一旦用户有什么不明白的问题，可以到客服中心的页面寻求解决。客服中心包括帮助中心、淘友互助吧、淘宝大学和买/卖安全四大板块。淘宝网利用客服中心对用户进行引导，赢得了用户的积极响应。

淘宝网的虚拟社区建立的成功，促进了消费者的信任。它是淘宝网与用户以及用户与用户之间进行交流的好工具。虚拟社区下设建议厅、询问处、支付宝学堂、淘宝里的故事、经验畅谈居等板块。

①请你通过阅读材料，谈一谈淘宝网的成功与使用 Web 技术构建网络平台的关系。

②请你通过 Internet、图书馆等查询与 Web 相关的资料，谈一谈什么是 Web。

③请你通过 Internet、图书馆等查询与 Web 相关的资料，谈一谈 Web 的工作原理。

④你认为 Web 技术是否对电子商务有促进作用。

(　)是(　)否

【学路领航】

Web 是一种把 Internet 所有现有的资源全部链接起来，采用图形界面，集网络技术、超文本技术以及多媒体技术为一体的信息服务系统。Web 具有良好的易用性和通用性，非专业用户也能非常方便地使用它。另外，它制定了一套易为人们掌握的标准：超文本标记语言（HTML）、信息资源统一定位符（URL）和超文本传输协议（HTTP）。

WWW（World Wide Web，万维网）由遍布在 Internet 中的 Web 服务器和安装了 Web 浏览器的计算机组成，它是一种基于超文本方式工作的信息系统。作为一个能够处理文字、图像、声音、视频等多媒体信息的综合系统，它提供了丰富的信息资源，这些信息资源以 Web 页面的形式分别存放在各个 Web 服务器上，用户可以通过浏览器选择并浏览所需的信息。

当用户想访问万维网上的一个网站或其他网络资源时，首先要在浏览器地址栏中键入所要访问网站的统一资源定位符（URL），或者在已打开的网页中点击超链接访问网站或其他网络资源。这之后的工作首先由分布于全球的域名系统服务器解析 URL 的服务器名部分，并根据解析结果决定访问相应 IP 地址（IP Address）所指的 Web 服务器。

接下来的步骤是为所要访问的网页,向在那个 IP 地址工作的服务器发送一个 HTTP 请求。在通常情况下,HTML 文本、图片和构成该网页的一切其他文件很快会被逐一请求并发送回用户。

网络浏览器接下来的工作是把 HTML,CSS 和其他接收到的文件所描述的内容,加上图像、链接和其他必需的资源显示给用户,这些就构成了用户所看到的“网页”。

【眼下留神】

- 超文本标记语言(HTML),Web 网页的格式,提供了格式和超文本链接功能。
- 超文本传输协议(HTTP)是 Web 服务器与浏览器之间的通信协议。
- 级联样式表(Cascading Style Sheet)简称“CSS”,通常又称为“风格样式表(Style Sheet)”,它是用来进行网页风格设计的。

统一资源定位符(Uniform Resource Locator,URL)也被称为网页地址,是 Internet 上标准的资源地址。

网页浏览器是显示网页服务器或档案系统内的文件,并让用户与此文件互动的一种软件。它用来显示在万维网或局部局域网络等内的文字、影像及其他资讯。

【日积月累】

Web 是一种把 Internet 所有现有的资源全部链接起来,采用图形界面,集网络技术、超文本技术以及多媒体技术为一体的信息服务系统。

Web 建立在客户机/服务器模型之上,Web 浏览器(客户端)将用户在页面上的请求发送给 Web 服务器,Web 服务器响应这个请求,并将其请求的页面或文档(图像、声音、视频、动画等)传送给 Web 浏览器。浏览器获得所请求的 Web 页面或文档。浏览器显示该 Web 页面或文档。

Web 服务器是可以向发出请求的浏览器提供文档的程序。

IP 地址就是给每个链接在 Internet 上的主机分配的一个 32 位地址,用来标记不同的计算机。

Web 技术为企业提供了一个可以推广业务、增强服务的网络平台。

三、数据库技术与电子商务

数据库技术是研究数据库的结构、存储、设计、管理和使用的一门软件学科。在电子商务业务中需要大量的信息存储在数据库中,应用于电子商务中的数据库技术主要完成数据的采集、存储和组织,以及决策支持、Web 数据库建设等任务。

在电子商务领域,淘宝网可谓是独领风骚。它创造了中国最大的电子商务网站之一,形成了一个包括买家、卖家、物流、金融、广告、搜索在内的商业生态系统。据了解,淘宝网目前每天的活跃数据量已经超过 50 TB,共有 4 亿条产品信息和 2 亿多名注册用户在上面活动,每天超过 4 000 万人次访问。

如此巨大的数据访问量，使得淘宝网数据仓库成为国内最忙碌的数据仓库之一，每天大约要处理几亿次的用户行为记录。

淘宝网是如何建立和管理自己的数据仓库，保证其高效、安全地运行和管理的呢？在北京 Oracle 全球大会上，记者访问了淘宝网技术开发部的高级数据库专家江枫，详细了解了在 Oracle 数据库和 Oracle RAC 产品基础上，淘宝网是如何构建自己的数据仓库奇迹的过程。

据江枫介绍，淘宝网所有的商业数据基本上都是汇集到数据仓库来集中，然后进行运算，最终会根据不同的 BI 模型，得出不同的结果。通过对各种访问、交易、商铺信息以及客服信息等的综合处理，形成反映各种浏览、交易和用户行为、行业销售趋势方面的统计数据，可以给整个公司的决策提供数据方面的支持。淘宝网的数据库系统对整个公司来说，是至关重要的。同时，江枫也表示，淘宝网的数据除了提供给公司内部使用以外，还提供给外部用户使用。比如，淘宝网 2010 年做的数据魔方产品，就是给淘宝网的卖家提供商品的销售情况，行业的销售趋势，给淘宝网卖家带来更大的数据营销方面的支持。另外，还有一个比较大的数据产品是电子统计，即提供给淘宝网卖家的一些电子统计，包括卖家的访客来源，访客喜欢什么时间段来访问，定了哪些商品等非常详细的订货统计。这些信息有助于淘宝网的产品商户和卖家了解、分析用户行为，设计增值服务。这不仅需要数据仓库对海量数据进行更新、集中处理，也需要它能提供每天动态、实时的分析，这对数据库系统是个巨大的挑战。

四、电子数据交换（EDI）技术

EDI 是电子商业贸易的一种工具，它将商业文件（如订单、发票、货运单、报关单）按统一的标准编制成计算机能识别和处理的数据格式，在计算机之间进行传输。

上海海关是中国历史最悠久的海关之一。1950 年 2 月 16 日上海海关正式改名为中华人民共和国上海海关。上海海关的主要任务是：按照《中华人民共和国海关法》和其他有关法律、法规，监管经上海口岸进出境的运输工具、货物、行李物品、邮递物品和其他物品，征收关税和其他税费，查缉走私并编制海关统计和办理其他海关业务。

目前，上海海关日处理进出口报关单 1.2 万份，所征收关税占全国海关 1/4 强，进出口货物年递增约 30%，其全部通关业务均使用计算机作业。从 1985 年，上海海关就开始在通关业务方面应用计算机管理，从当时的单独业务环节处理程序发展成现在功能完备的大型数据处理系统，其发展过程经历了 3 个阶段：第一个阶段是计算机进行辅助处理阶段。该阶段从 1985 年到 1990 年，是上海海关计算机应用的起步阶段。第二个阶段是电子数据处理阶段。该阶段从 1990 年到 1995 年，上海海关全面使用了海关总署开发的 H883 报关自动化计算机管理系统。该系统是一种系统内部的电子数据处理（Eelctronic Data Processing，EDP）系统。1994 年，上海海关开始应用“海关空运快递 EDI 系统”，该系统作为海关 EDI 通关系统的一部分一直沿用至今，其年均处理200万批国际快递物品，并全面实现无纸作业，世界海关组织（WCO）和国际快递协会（IECC）曾联合在上海虹桥国际机场海关开现场会，向全世界推荐该EDI系统。第三个阶段是EDI系统阶段。该阶段从1995年到1999年，海关总署将原来的H883系统升级为H883/EDI系统，并为上海海关配备了EDI平台使用的AMTrix EDI系统，使上海海关的计算机管理系统从EDP阶段发展到EDI系统阶段。

为了进一步促进上海国际经贸事业的发展，使上海与国际接轨，体现上海在全国经贸、文运的龙头地位，上海市EDI中心和上海海关合作于1998年开发了“海关EDI通关系统”（以下简称EDI通关系统）。在技术上，EDI通关系统采用EDIFACT标准，其中对EDIFACT的报文类型CUSEXP的应用，还成为全球首例，使中国海关在EDI方面进入世界先进行列。该系统现已集成了货运舱单录入、普通货物进出口报关和快递物品通关（包括空运快递及邮政EMS速递）等软件。使用至今，EDI海关通关系统用户仅上海地区就已达400余家，日平均处理10 000余份单证，占上海边关总数的40%。该EDI通关系统的成功开发与应用为我国进出口业务的繁荣，海关业务的稳定发展作出了贡献，也对EDI技术在我国的应用起到了推动和示范作用。

上海海关在海关总署的统一领导和具体指导下，其通关业务计算机及EDI应用向更高的目标迈进，在网络化报关、无纸化作业、开放式的体系结构等多方面取得新的进展。

①请你通过Internet、图书馆等查询与EDI相关的资料，谈一谈什么是EDI。

②请你通过Internet、图书馆等查询与EDI相关的资料，谈一谈EDI的组成与优势。

③请你和同学讨论举出电子商务活动的EDI应用实例。

任务三 认识电子商务的应用环境

电子商务环境是以企业为中心的电子商务的一种基本形式。从系统角度看，电子商务是一个庞大、复杂的社会经济、技术系统。一个系统的运行必然受到环境的影响和制约。本任务要求你：

①了解企业对电子商务应用环境的要求。

②了解政策法规对电子商务应用环境的影响。

③了解社会发展对电子商务应用环境的影响。

随着经济和技术的发展，电子商务作为一种新的商务形式，改变了企业的生产、经营、管理，带动了经济结构的变革，对现代经济活动产生了巨大的影响。电子商务的发展离不开它所处的环境，受到所处环境的制约。系统地规划建设电子商务环境，对促进电子商务的健康发展具有重要作用。

电子商务不断普及和深化

电子商务在我国工业、农业、商贸流通、交通运输、金融、旅游和城乡消费等各个领域的应用不断得到拓展，应用水平不断提高，正在形成与实体经济深入融合的发展态势。跨境电子商务活动日益频繁，移动电子商务成为发展亮点。大型企业在网上采购和销售的比重逐年上升，部分企业的电子商务正在向与研发设计、生产制造和经营管理等业务集成协同的方向发展。电子商务在中小型企业中的应用普及率迅速提高，网络零售交易额迅速增长，占社会消费品零售总额比重逐年上升，成为拉动需求、优化消费结构的重要途径。电子商务支撑水平快速提高，电子商务平台服务、信用服务、电子支付、现代物流和电子认证等支撑体系加快完善。围绕电子商务信息、交易和技术等的服务企业不断涌现，电子商务信息和交易平台正在向专业化和集成化的方向发展。社会信用环境不断改善，为电子商务的诚信交易创造了有利的条件。网上支付、移动支付、电话支付等新兴支付服务发展迅猛，现代物流业快速发展，对电子商务的支撑能力不断增强，特别是网络零售带动了快递服务的迅速发展。通信运营商、软硬件及服务提供商等纷纷涉足电子商务，为用户提供相关服务。

电子商务发展环境不断改善。网络服务能力不断提升，资费水平不断降低。全社会电子商务应用意识不断增强，应用技能得到有效提高。电子商务国际交流与合作日益广泛。政府加大电子商务行业监管，利于建立开放、公平和规范的商业环境，相关部门协同推进电子商务发展的工作机制初步建立，围绕促进发展、电子认证、网络购物、网上交易和支付服务等主题，出台了一系列政策、规则和标准规范，为构建适合国情和发展规律的电子商务制度环境进行了积极探索。

电子商务的发展仍然存在着一些比较突出的问题。一是电子商务对促进传统生产经营模式创新发展的作用尚未充分发挥，对经济转型和价值创造的贡献潜力尚未充分显现；二是电子商务的商业模式尚不成熟，服务能力尚待增强，服务水平尚待提高，服务范围尚待拓展；二是电子商务发展的制度环境还不完善，相关法律法规建设滞后，公共服务和市场监管有待增强，信用体系发展亟待加强，网上侵犯知识产权和制售假冒伪劣商品、恶意欺诈、违法犯罪等问题不断发生，网络交易纠纷处理难度较大，在一定程度上影响了人们对电子商务发展的信心；四是推进电子商务发展的体制机制有待健全，投融资环境有待改善，统计与监测评价工作亟待加强，全社会对电子商务的认识有待进一步提高，对网络空间的经济活动规律有待进一步探索。

①你认为企业需要怎样的电子商务应用环境？

②你认为我国针对电子商务的政策法规是否完善？政策法规对电子商务应用环境的影响有哪些？

③你认为社会环境对电子商务的应用环境有哪些影响？

【学路领航】

电子商务的应用环境是以企业为中心的电子商务的一种基本形式。从系统角度看，电子商务是一个庞大、复杂的社会经济、技术系统。一个系统的运行必然受到环境的影响。

(1)企业对电子商务应用环境的要求

企业必须在构建电子商务环境、重构管理机制等方面适应电子商务的发展，才能在电子商务的潮流中获得更大的经济效益。

构建电子商务环境，适应电子商务的发展，企业电子商务建设和功能的充分实现离不开企业内部的信息化建设。对于要参与和开展电子商务活动的企业来讲，必须具备三个基本要素：一是企业自身内部管理的现代化和计算机化，以及业务操作的电子化；二是企业的计算机网络基础设施和开展电子商务所依赖的连接网络；三是企业要建立开展电子商务业务的应用系统。

企业必须规范业务流程，以适应电子商务的发展。最好的技术并不代表最好的结果，技术必须与企业的管理和运营有机结合，特别是企业的外部合作伙伴的管理和信息处理技术是否满足核心企业开展电子商务的基本标准。同时，由于一个企业事实上不可能只选择一家供应商的应用软件产品，企业也不可能一夜之间放弃原有的信息系统，那么问题的关键就在于如何处理不同系统间的差异。

构建电子商务环境下的会计理论和会计实务。由于虚拟企业、网上企业的出现，会计主体假设需要重新定义：依据合作项目而成立合作公司或项目公司的现象将会越来越普遍，项目结束公司即结束经营，进行清算，持续经营假设将无法适应；企业提供实时财务信息将成为可能，会计分期假设已显得无足轻重；电子货币的广泛应用，将使货币计量假设受到严重冲击。由于会计假设是传统会计赖以存在的前提条件，它的动摇，必然会对如权贵发生制、历史成本计价等会计确认和计量等方面的会计原则产生深刻的影响。传统的会计工作组织、会计岗位设置和会计业务流程的重组将成为必然。

企业需要加强培养和吸引复合型电子商务人才，才能在电子商务中获得收益。电子商务的中心环节是需要既掌握信息技术又掌握商务规则的人来从事商务活动。开展电子商务知识培训和电子商务岗位技能培训，提高商务人员电子商务业务素质和网络技能是保证企业电子商务迅速发展的重要途径。企业要想在电子商务的大潮中获得收益，就必须培养一大批相关人才。

(2)电子商务与 Internet 政策法规环境

近几年来，随着计算机与 Internet 的发展，电子商务无论是作为一种交易方式、传播媒介还是企业组织的进化，在广度与深度等各方面都取得了前所未有的进展。在这方面，我国也不例外。与此同时，电子商务发展的基础环境问题，尤其是电子商务的法律环境，越来越引起人们的关注，一方面，电子商务的各个环节与问题都直接影响到相关法律法规的制定;另一方面,法律环境的每一个细节与措施也都左右着电子商务的前程。所以,及时制定我国一系列与电子商务相关的法律法规、完善我国的电子商务政策法律环境,不仅会改善我国的电子商务基础环境,从根本上促进我国电子商务与网络经济的发展,还可以使我们以信息化带动工业化,促进现代化的伟大构想更早实现。在1998年亚太经合组织第六次领导人非正式会议上,江泽民主席就曾指出,电子商务代表着未来贸易方式发展的方向,其应用推广将给各成员带来更多的贸易机会。在发展电子商务方面,我们不仅要重视私营、工商部门的推动作用,同时也应加强政府部门对发展电子商务的宏观规划和指导,并为电子商务的发展提供良好的政策和法律法规环境。

正是在这样的环境下,我国的电子商务法律环境不断得到完善,电子商务与Internet的立法工作取得重大进展(此处立法是指广义的立法)。在1999年之前,中国的电子商务法律环境还基本处于相对空白的状态,在1999年开始涌现的电子商务热流的带动与要求下,相关立法的呼声日渐强烈,从1999年3月出台的合同法开始,相关法律法规与规定纷纷出台,连同相关政策、地方法规及司法解释在内,总数以数十计。这些法律法规与规章涉及Internet安全、保密、基础设施建设、融资、广告、经营许可、新闻发布等诸多领域,初步形成了一个完整的系统并基本做到了与国际接轨。而在法律法规体系逐步完善的基础上,相关的司法体系、行政系统和管理环境同时得到提高,行业自律和整体法律意识也得到增强,从而形成了我国基本的电子商务的法制环境。

对于我国基本的电子商务的法制环境,其主要特点可以概括总结为:在立法领域,从1999年3月出台的合同法开始到2011年底,相继出台的主要法律法规与规章包括《全国人大关于维护互联网安全的决定》《电信条例》《互联网信息服务管理办法》《电信服务标准》《商用密码管理条例》《电信网间互联管理暂行规定》《电信网码号资源管理暂行办法》《软件产品管理办法》《互联网电子公告服务管理办法》和《互联网站从事新闻登载业务管理暂行办法》等。

与电子商务发展需求相比,我国目前的网络与电子商务立法明显滞后,电子商务与Internet政策法律环境还存在很多问题。第一,我国电子商务的立法没有纲领性,缺乏统一规划,不利于网络与电子商务的发展;第二,行政法规中要求增加交易手续的规定过多,调整电子商务及网络交易的民事、商事规定较少,简单地套用以往的经济管理模式,未能找到真正适用于电子商务与网络经济的立法原则与管理模式;第二,我国电子商务立法存在多头管理、门槛太多的问题,政府部门立法与地方立法相重叠,部门与部门间的章程缺乏应有的协调与配合;第四,电子商务法律法规缺乏可操作性,如电子邮件的管理等。

总之,我国的网络与电子商务还处于初级阶段,特别需要政府有关部门的规划指导和全社会的共同努力。我们应在积极主动学习、总结国外经验教训的基础上,结合中国国情,尽快制定出既与国际接轨又有中国特色的网络与电子商务的法律法规体系,建立相应的政策环境。

(3)电子商务对社会环境的要求

电子商务的兴起和发展离不开社会大环境,有益的社会环境将会促进电子商务的发展。Internet 改变了生活、工作方式,电子商务交易方式改变了传统的购物习惯。人们网上交易的意识和进行网上贸易的技术保障是电子商务进行的基础。电子商务交易中因语言、文化等因素影响着交易的效率和效果。电子商务是在虚拟的市场环境下运作的,交易双方是通过网络进行交易的,网络诚信在交易中显得尤为重要,整个社会诚信环境的建立是电子商务发展的必要环境。

政府承担着的经济、社会、文化的服务和管理功能,在社会法制、政策法规的制定、通信网络、人文环境的建设、商业贸易的改革和国际环境的维护等方面具有不可代替的作用。政府机关颁发关于有关发展电子商务以及电子商务政策的指导性文件,指导各地区、各部门及企业正确开展电子商务。加强宣传、教育、培训,在全社会开展信息技术、信息文化知识科普宣传教育,提高国民的信用意识和素质,营造有利于电子商务发展的社会人文环境。

【眼下留神】

电子商务的应用环境是以企业为中心的电子商务的一种基本形式。从系统角度看,电子商务是一个庞大、复杂的社会经济、技术系统。一个系统的运行必然受到环境的影响和制约。

电子商务发展的环境是多方面的,主要包括企业环境、社会环境、法规环境、政策环境等。

企业必须在构建电子商务环境、重构管理机制等方面适应电子商务的发展,才能在电子商务的潮流中获得更大的经济效益。

电子商务法是指调整电子商务活动中所产生的社会关系的法律规范的总称。

电子商务是在虚拟的市场环境下运作的,交易双方是通过网络进行交易的,网络诚信在交易中显得尤为重要,整个社会诚信环境的建立是电子商务环境的必要环境。

项目二

电子商务的模式

【学习要点】

电子商务可以从多个角度建立不同的分类框架，基本应用领域有企业对企业（Business to Business，B2B）、企业对消费者（Business to Consumer，B2C）和消费者对消费者（Consumer to Consumer，C2C）等，但就各模式还可以再次细分，如消费者对企业（Consumer to Business，C2B）、企业对政府（Business to Government，B2G）、消费者对政府（Consumer to Government，C2G）、政府对政府（Government to Government，G2G）等。了解电子商务，必须对几种典型的电子商务模式进行分析。

学习完本项目后，你将能够：

- 知道电子商务常用的几种交易模式。
- 了解几种典型电子商务模式的运作方法。
- 认识国内外知名电子商务网站及其交易流程。

任务一　B2B 电子商务

B2B 电子商务模式是电子商务应用最多和最受企业重视的形式，企业可以使用 Internet 或其他网络对每笔交易寻找最佳合作伙伴，完成从订购到结算的全部交易行为。本任务要求你：

①知道 B2B 的基本概念及定义内容。

②认识 B2B 的代表网站。

③了解 B2B 网站的交易过程。

④能对典型 B2B 网站的案例进行简要分析。

一、B2B 模式

B2B（Business to Business）是指以企业为主体，在企业之间进行的电子商务活动，具体包括企业利用专用网络或 Internet，以电子方式实现的交易，是商务活动电子化的典型应用。

20 世纪初，人们把电话和传真应用于商务处理，但这些技术并不是现代意义上的电子商务。真正意义上的电子商务是在 20 世纪 60 年代出现的基于电子数据交换（Electronic Data Interchange，EDI）的电子商务，而初期的电子商务就是典型的 B2B 电子商务。由于 EDI 系统的应用成本较高，限制了基于 EDI 电子商务的贸易伙伴的数据量。随着 Internet 技术的迅速发展,网上交易在 20 世纪 90 年代后期得到了极大的发展。

面对激烈的市场竞争,B2B 电子商务成了很多企业改善竞争条件、建立竞争优势的主要方法,也使得 B2B 成为电子商务的主流模式。

从近几年全球电子商务市场交易份额来看,B2B 占 80% 以上的份额,处于绝对优势。开展电子商务,将使企业拥有一个商机无限的发展空间,这也是企业谋生存、求发展的必由之路,它可以使企业在竞争中处于更加有利的地位。B2B 电子商务将会为企业带来更低的价格、更高的生产率和更低的劳动成本以及更多的商业机会。

①上网查询全球范围内最成功、影响最大的 B2B 网站,并简要说明它们所从事的行业领域。

②利用课外书籍或者网络资源查询相关资料,简要说明 B2B 为什么会成为主流的电子商务模式。

【学路领航】

B2B 也可表示为 BtoB,是指企业对企业的电子商务模式,是企业之间的一种营销关系,是市场领域中的一种。具体来讲,B2B 是指进行电子商务交易的供需双方都是商家(或企业、公司),这些企业使用 Internet 的技术或各种商务网络平台,完成商务交易的过程。这些过程包括发布供求信息,订货及确认订货,支付过程及票据的签发、传送和接收,确定配送方案并监控配送过程等。

透过 B2B 的商业模式,不仅可以简化企业内部资讯流通的成本,还可以使企业与企业之间的交易流程更快速、减少成本的耗损。

B2B 电子商务的特点有:交易次数少、金额大;交易对象广泛、操作规范;能为企业带来较大的经济效益,如改善企业的供应链管理,降低成本,增加商业机会,开拓新的市场,缩短订货和生产周期等。

二、B2B 网站

B2B 网站是在 B2B 电子商务的基础上发展起来的交易平台,为用户提供一系列的服务,方便用户借助网络平台实现营销传播和网上交易的电子化。

B2B 网站提供商务信息平台,供买卖双方的企业在平台上发布供求信息、寻找合作伙伴、在线交易、跟踪服务等。其特点类似于现实商务世界中的批发。可以在企业内部(内部结算平台),也可以是企业之间进行。

B2B 电子商务是电子商务活动中的主流模式,参与者都是以企业为主体,其类型根据参与交易对象的买卖关系、交易产品线的纵深程度等,都有不同的划分。国内外比较著名的 B2B 网站有通用电气公司(GE)、思科系统公司(CISCO)、阿里巴巴、中国化工网等。

①上网查询几个国内著名的 B2B 网站,并简单了解它们的经营范围和模式。

②如果你是传统企业的管理人员，愿意让企业开展电子商务吗？为什么？

【学路领航】

根据 B2B 交易的基本类型，其电子商务网站大致分为以下几种：

(1)垂直 B2B

垂直 B2B 可以分为两个方向，即上游和下游。生产商或商业零售商可以与上游的供应商之间形成供货关系，比如，戴尔电脑公司与上游的芯片和主板制造商就是通过这种方式进行合作。生产商与下游的经销商可以形成销货关系，比如，思科系统公司与其分销商之间进行的交易。垂直 B2B 成本相对要低很多，因为垂直 B2B 面对的多是某一个行业内的从业者，所以客户相对比较集中而且有限。

(2)水平 B2B

水平 B2B 是指面向中间交易市场的 B2B，又可以称为区域性 B2B。它是指利用网上中介服务网站将买方和卖方集中到一个市场上来进行信息交流、广告促销、拍卖竞标、商品交易、仓储配送等商业活动。如阿里巴巴、中国制造网、环球资源网等都从事为传统企业提供网上中介服务。

(3)自建 B2B 模式

行业龙头企业自建 B2B 模式是大型行业龙头企业基于自身的信息化建设程度，搭建以自身产品供应链为核心的行业化电子商务平台。行业龙头企业通过自身的电子商务平台，串联起行业整条产业链，供应链上下游企业通过该平台实现资讯、沟通、交易。但此类电子商务平台过于封闭，缺少产业链的深度整合。

(4)关联行业 B2B 模式

关联行业 B2B 模式是相关行业为了提升目前电子商务交易平台信息的广泛程度和准确性，整合综合 B2B 模式和垂直 B2B 模式而建立起来的建立跨行业电子商务平台。

三、交易过程

电子商务的模式不同，其产品与服务的交易流程也不同。

B2B 是企业对企业的电子商务，交易过程相对其他模式来讲基本相同，但因交易规模和交易数额比较大，整个过程需要更严谨、更仔细。

①通过网络等途径查询一个 B2B 网站的交易过程，并将其过程作好记录。

②借助网络等方法查询一个企业的传统交易过程，并作好交易记录。

③对两种交易过程进行分析比较，找出异同点。

【学路领航】

B2B 电子商务是以计算机网络平台为基础，企业利用网络发布自己的买卖、合作、投标等商业信息，也通过网络来了解相关企业的需求信息，再进行交流、交易、服务、反馈等。

具体交易过程如下:

(1)交易前的准备工作

①卖方企业利用网上丰富的信息资源了解市场动向,在 B2B 网站发布企业的商品或服务供货信息(广告),寻找贸易伙伴和交易机会。

②买方企业根据需求,利用网络丰富的信息资源进行调查和分析,制订购买计划,选择供货商。

(2)交易中的各项工作

①双方企业通过网络平台沟通交流成为贸易伙伴,进行交易谈判,也可借助现代电子通信设备和通信方法进行商谈。

②双方谈判磋商结果以电子文件形式签订贸易合同。

③双方企业利用 EDI 进行签约,通过数字签名等方式进行确认。

④交易双方利用 Internet 与金融机构、安全 CA、银行、税务、商检、保险、运输公司等进行各种电子票据和电子凭证的交换,按照约定办理履行合同前的手续。

(3)交易手续完结后的各项工作

①买方采用信用卡、电子支票、电子现金或电子钱包等电子支付方式进行支付。

②卖方根据合同约定备货,将商品托付给物流运输,并对物流进行跟踪,直到买方收到货物,提供相应售后服务。

四、案例分析

中国的 B2B 电子商务相对于 C2C 电子商务来说是一个相对成熟的形式,有资料显示中国电子商务大多数的利润是由 B2B 电子商务带来的,慧聪国际与环球资源都是 B2B 类型的电子商务公司,在国内与阿里巴巴一度并称“三雄”。但实际上除了阿里巴巴以外,其他网站基本上都处于亏损状态。

阿里巴巴是全球 B2B 电子商务的著名品牌,是目前全球最大的商务交流社区和网上交易市场之一。它曾两次被哈佛大学商学院选为 MBA 案例,在美国学术界掀起研究热潮,两次被美国权威财经杂志《福布斯》选为全球最佳 B2B 站点之一,多次被相关机构评为全球最受欢迎的 B2B 网站、中国商务类优秀网站、中国百家优秀网站、中国最佳贸易网,被国内外媒体、硅谷和国外风险投资家誉为与 Yahoo, Amazon, eBay, AOL 比肩的五大 Internet 商务流派代表之一。

阿里巴巴之所以能在电子商务稳步发展,赢利目标呈几何倍数增长,是因为它采取了最简单的商业模式,即收取会员费。

阿里巴巴上的会员分为两种:一种是中国供应商;另一种是诚信通会员。“中国供应商”服务主要面对出口型的企业,依托网上贸易社区,向国际上通过电子商务进行采购的客商,推荐中国的出口供应商,从而帮助出口供应商获得国际订单。其服务包括独立的“中国供应商”账号和密码,建立英文网址,让全球 220 个国家逾 42 万家专业买家在线浏览企业。目前，中国供应商的会员费为 6 万 ~8 万元/年。

“诚信通”更多针对的是国内贸易，通过向注册会员出示第三方对其的评估，以及在阿里巴巴的交易诚信记录，帮助“诚信通”会员获得采购方的信任。诚信通的会员费为 2 300 元/年。除了付费的中国供应商和诚信通会员，阿里巴巴上面还活动着免费数以千万计的中国商户和海外商户。可以预见，在未来很长一段时间内，阿里巴巴都将引领中国 B2B 的发展趋势（见图 2-1）。

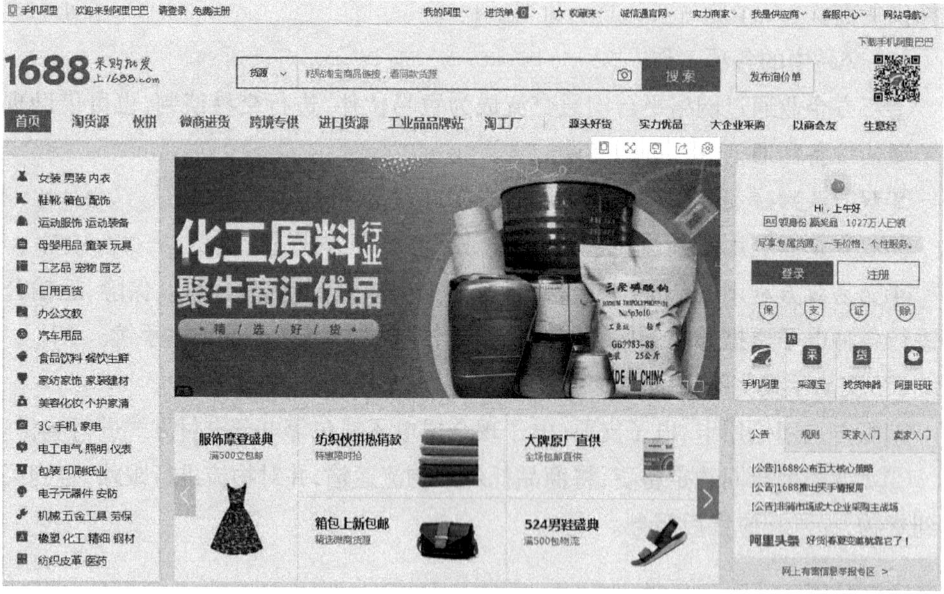

图 2-1　阿里巴巴首页

①上网浏览慧聪网、环球资源网，如图 2-2、图 2-3 所示。

图 2-2　慧聪网

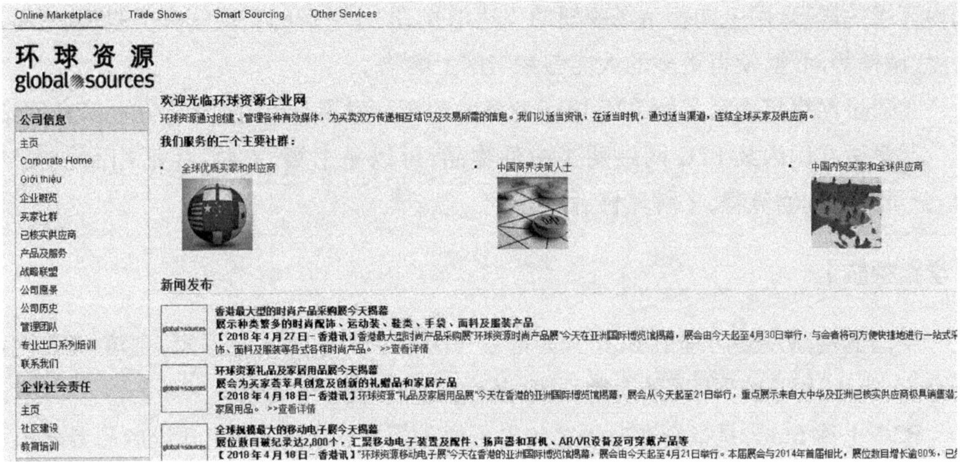

图 2-3　环球资源网

②完成表 2-1 调查表。

对慧聪网和环球资源网的经营范围、发展过程及经营模式进行简单分析。

表 2-1　调查表

网站名称	创立时间	经营范围	经营模式
慧聪网			
环球资源网			

任务二　B2C 电子商务

B2C 电子商务模式是企业通过 Internet 给消费者提供了一个新型的购物环境，这是大众最为熟悉的一种电子商务类型，也是最吸引媒体关注的一种电子商务形式。本任务要求你：

①识记 B2C 的基本概念及定义内容。

②认识 B2C 的代表网站。

③了解 B2C 网站的交易过程。

④能对典型 B2C 网站的成功案例进行简要分析。

一、B2C 模式

B2C(Business to Consumer)是电子商务按交易对象分类中的一种，即表示商业机构对消费者的电子商务。经历了若干年的发展之后，中国 B2C 网站数量已经相当可观，正呈现出蓬勃的生机。

相对于传统企业的销售渠道而言，除了传统的直销、代办、分销等销售渠道模式，网络分销渠道已经普遍受到传统企业的高度重视。随着传统渠道竞争的白热化、网上购物环境的成熟、网上购物市场规模的飞速增长，B2C 平台的出现解决了假货、交易方便度、诚信等问题，使得更多的人能够参与网上购物。

①通过网络等途径了解 B2C 电子商务的起源和发展，认识国内成功的 B2C 网站。

②尝试在国内某 B2C 网站购买一件物品，可以是书籍、衣物、生活用品、小家电等，记录整个购物流程，了解其售后服务。

【学路领航】

中国的网购发展历程由 B2C 开始起步，中国的 B2C 网站上万家，主流 B2C 网站千余家，收入达到上千万元的有数百家，其中流量上涨的有 20% ~30% 。

B2C 也称 BtoC，是指企业对顾客的电子商务模式，主要是企业开设产品专卖电子商店，在 Internet 上向顾客出售企业产品，提高物流速度，节约商店的成本、管理、人员等费用。其特点类似于现实商务世界中的零售。企业通过 Internet 为消费者提供一个新型的购物环境——网上商店，消费者通过网络在网上购物、在网上支付。

二、B2C 网站

B2C 电子商务是我国最早产生的电子商务模式，以 8848 网上商城正式运营为标志。由于这种模式节省了客户和企业的时间和空间，大大提高了交易效率，节省了宝贵的时间，而且 B2C 网站在很大程度上解决了消费者对于诚信的担忧，因此 B2C 得到了较为稳定的发展。国内比较知名的 B2C 网站有当当、京东等。

①上网查询几个国内著名的 B2C 网站，并对它们的经营范围和模式进行简单了解。

②你愿意在网上购买手机等较高端的商品吗？会选择在哪些网站购买？为什么？

【学路领航】

按照 B2C 网站的经营模式，其网站类型大致划分为综合型、垂直型、平台型等几种，它们的分类存在一定的交叉、重合。

(1)综合型 B2C

企业利用网络平台开展网上营销，并且销售的商品种类丰富，即为综合型 B2C。

如亚马逊，可在现有品牌信用的基础上，借助母公司亚马逊国际化的背景，探索国际品牌代购业务或者采购国际品牌产品销售等新业务。综合型代表商城有京东、当当等，如图 2-4、图 2-5 所示。

(2)垂直型 B2C

整合某一产品的不同生产商、批发商、零售商的商务行为，是直接面对客户的单一体系的交易平台，这样的网站就可以称为垂直型网站。

虽然综合性网站一直是大多数网民、企业在电子商务交易过程中的最主要的平台，但数量众多的大型及中小型垂直行业网站如雨后春笋般呈现出蓬勃的发展势头，鞋、服行业有凡客诚品、衣服网、淘鞋网(见图 2-6、图 2-7),母婴类有乐友网等。

图 2-4　京东商城

图 2-5　当当网

(3)平台型 B2C

平台型 B2C 是指一个为企业提供网上交易洽谈的平台。企业、商家可充分利用电子商务平台提供的网络基础设施、支付平台、安全平台、管理平台等共享资源有效地、低成本地开展自己的商业活动。

以淘宝、天猫(见图 2-8)为代表的 B2C 平台,本身常以第三方的形象出现,对平台内各大商家和消费者行使监督、维护权益等职责,保证平台的公正性。

三、交易过程

B2C 是电子商务的主流模式。

B2C 从某种角度看是目前网上购物诚信度最有保障的购物模式。当当、京东、淘宝、天猫等都是国内知名的 B2C 网站。

①请同学们选择一个 B2C 网站,自行购买一件商品,并对交易过程作记录。

图 2-6　凡客诚品首页

图 2-7　淘鞋网首页

②谈谈你在 B2C 网站购物的感受,你放心吗？为什么？

【学路领航】

B2C 网上商城的交易过程大同小异,整个购物过程都会让消费者感受到比较轻松的购物体验,差异主要体现在付款环节上。例如,京东、当当等就为消费者提供了先付款后到货和先到货后付款两种支付模式。以京东为例,交易过程步骤如下(见图 2-9):

①用户注册为京东会员,即可开始购物体验。

②用户浏览商城页面,挑选商品。

③将商品放入购物车,生成订单。

④用户可选择配送和付款方式。

⑤商城后台受理用户订单,并安排物流配送。

⑥用户收到商品后付款,如有退换货需求在线提交申请。

图 2-8　天猫网首页

⑦商城后台受理相关退换货及退款申请。

⑧交易完成。

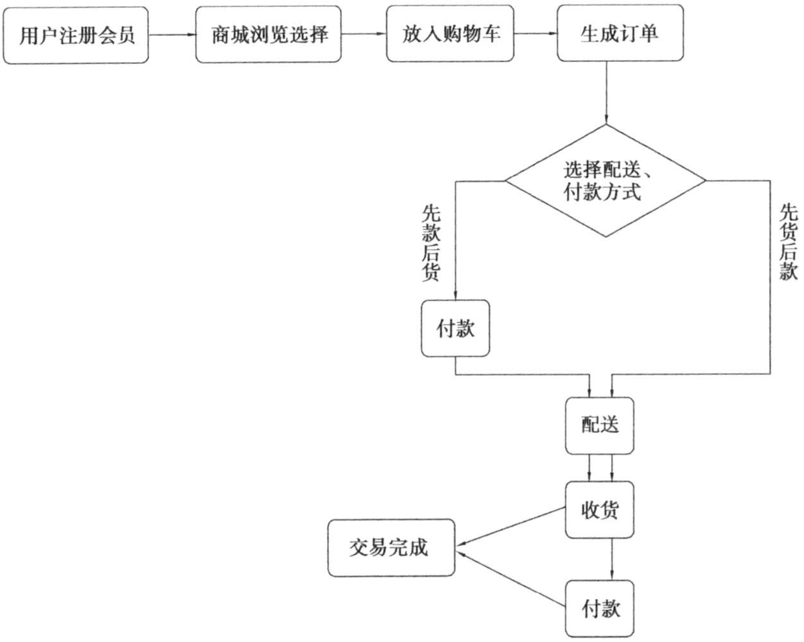

图 2-9　B2C 购物流程

四、案例分析

京东商城创办于 2004 年，初入市场以 3C（计算机、数码通信、家用电器）作为切入点，是国内最大的 3C 网上购物专业平台。2008 年，根据市场和顾客的需求，增设了日用百货类商品。京东商城自创立以来一直坚持以纯电子商务模式运营，缩减中间环节，为消费者在第一时间提供优质的产品及满意的服务。自京东涉足电子商务以来，一直保持高速成长。

对于消费者而言，京东商城是百货商店的统一解决方案，各种大件商品都是由京东统一采购，统一配货，由它自己的物流进行配送。整个流程使得京东的优势非常明显：一是价格方面，统一采购进货可以拿到相对低的进价，京东的价格只在采购价基础上加 5% 的毛利，这个价格比传统的渠道销售商便宜 10% ~20%，对消费者有着极大的吸引力；二是在给予消费者愉快的购物体验的同时，质量和退换货有了京东担保也能极大地提升消费者的购物信心；三是自建物流配送使得商品能够快速、安全地送达消费者手中。

京东支持多种支付方式，公司转账、邮局汇款、分期付款、网上支付以及货到付款等，可以满足各个顾客群体的支付需求。在配送方面京东也独树一帜，推陈出新，“211 限时达”“次日达”“夜间配”“定时达”等让用户能享受到快捷、优质的配送服务。

京东商城之所以能成功，很大一部分得益于它良好的经营模式：首先，用纯 Internet 的方式来整合上下游，优化供应链，在成本方面下功夫，然后给顾客创造价值，Internet企业比传统企业更具灵活性。其次，京东商城凭借其良好的经营模式在不断做大做强，与产品鱼龙混杂的中关村卖场，以及其他 C2C 平台相比，京东商城所有的商品都是正品，且可以享受到与传统店面一样的售后服务。这是许多消费者选择京东商城的一个重要原因。

虽然目前看来京东商城的前期销售几乎没有赢利空间，一味的低价策略近乎“烧钱”，但以京东商城总裁刘强东的经营理念而言，“所有的流通企业都有一个共性，当它的销售收入达到一定规模时，就可以实现赢利。”可以预见未来京东商城不会以提升价格来赢利，而会不断扩大规模，加大厂家返点。京东商城也会继续给广大电商客户提供低价优质的各类商品（见图 2-10、图 2-11）。

图 2-10　京东商城首页

①请通过网络搜索、查阅书籍等方式对当当网的基本情况及经营策略等进行调查

了解，简要分析京东商城和当当网各自的优势在哪里。你更喜欢在哪一个平台购买？

②到某一个 B2C 网站购买一件商品，体验其购物流程及乐趣。

购物指南	配送方式	支付方式	售后服务	特色服务
购物流程	上门自提	货到付款	售后政策	夺宝岛
会员介绍	211限时达	在线支付	价格保护	DIY装机
生活旅行	配送服务查询	分期付款	退款说明	延保服务
常见问题	配送费收取标准	邮局汇款	返修/退换货	京东E卡
大家电	海外配送	公司转账	取消订单	京东通信
联系客服				京东JD+

图 2-11　京东服务

任务三　C2C 电子商务

中国的 C2C 电子商务最初借鉴了 E-bay 和亚马逊模式，利用企业提供的电子商务平台，以免费的形式让个人商户在平台上注册、开店，在很短的时间内聚集人气，产生了极大的规模效应。本任务要求你：

①识记 C2C 的基本概念及定义内容。

②认识 C2C 的代表网站。

③了解 C2C 网站的交易过程。

④能对典型 C2C 网站的成功案例进行简要分析。

一、C2C 模式

C2C 电子商务模式是个人消费者之间的一种电子商务模式。只要参加电子商务的两方有计算机，能上网，就能实现 C2C 的网上交易。

C2C 这种模式来源于传统的“跳蚤市场”，即人们通过一个或大或小的集市，各包括摊出售家中闲置物品或旧物，价格便宜。这一理念被引入电子商务模式中来，网络公司通过为个体买卖双方提供一个在线交易平台，使买方可以在网上发布求购信息，由多个卖者竞卖，或与买者讨价还价，最终达成交易的电子商务模式。

①借助网络等资源调查国内比较知名的 C2C 网站有哪些？最大的 C2C 平台是哪个？

②你有在 C2C 网站购物的经历吗？如果没有，请到淘宝网注册用户后购买一样你所需要的物品。

③你觉得在 C2C 网站购物安全吗？请说明理由。

【学路领航】

C2C 就是消费者对消费者的电子商务交易模式，个人把产品和服务放到网上去交易。CtoC 电子商务平台就是通过为买卖双方提供一个在线交易平台，使卖方可以主动提供商品上网拍卖，而买方可以自行选择商品进行竞价。

中国 C2C 的起步以 1999 年易趣网的创立为标志,开启了中国电子商务的又一历史篇章,它的出现给用户带来了全新的购物体验。C2C 市场创造了巨大的社会价值,不仅改变了人们的传统购物方式,也给更多的人实现人生价值的机会。据有关资料显示,C2C 市场的发展极大地解决了就业问题,从而也带动了我国物流企业的发展。

二、C2C 网站

C2C 网站是采用了 C2C 经营模式的网站,是指直接为客户间提供电子商务活动平台的网站。

我国 C2C 电子商务尚处于起步阶段,形成了以淘宝网领头,易趣网、拍拍网紧随其后,各有千秋,三足鼎立之势。几年前易趣网曾在我国风靡一时,但是随着淘宝网的出现及其强势的攻击,淘宝网取代易趣网占领了 C2C 市场的宝座。腾讯网看着淘宝网和易趣网占据这潜力巨大的 C2C 市场,也来分享这一市场,于是推出了拍拍网与之竞争。

①请通过网络等资料查询我国 C2C 电子商务的起步及发展简史。

②中国占主导地位的 C2C 网站是哪家?它主要采取什么模式经营?

③你在 C2C 网站购物过吗?有什么感受?

【学路领航】

C2C 市场经过多年的激烈竞争,基本形成了"三强纷争,淘宝独大"的局面,淘宝网、易趣网、拍拍网,3 家网站的市场份额占了 C2C 市场的 95% 以上。

(1)易趣网——国内 C2C 先驱

易趣网创立于 1999 年,十余年来不断地转型,从本土企业到跨国企业,再从跨国企业到本土企业,名字也由易趣改成了 TOM 易趣(见图 2-12)。

图 2-12　易趣网

为了更好地发展,易趣网进行了一系列变革,如推出了支付工具安付通,沟通工具

Skype,对用户终生免收费的举措等,都是易趣网在努力尝试顺应广大受众的需求,力争能赶超其后来居上的竞争者,在C2C市场中重获一席之地。

(2)淘宝网领先的国内C2C网站

淘宝网是阿里巴巴旗下的一个交易服务平台,由马云在2003年5月10日创立(见图2-13)。淘宝网市场定位和营销策略准确,管理得当,使得淘宝网后来居上,在很短时间内就成为C2C乃至整个电子商务市场的领先者。

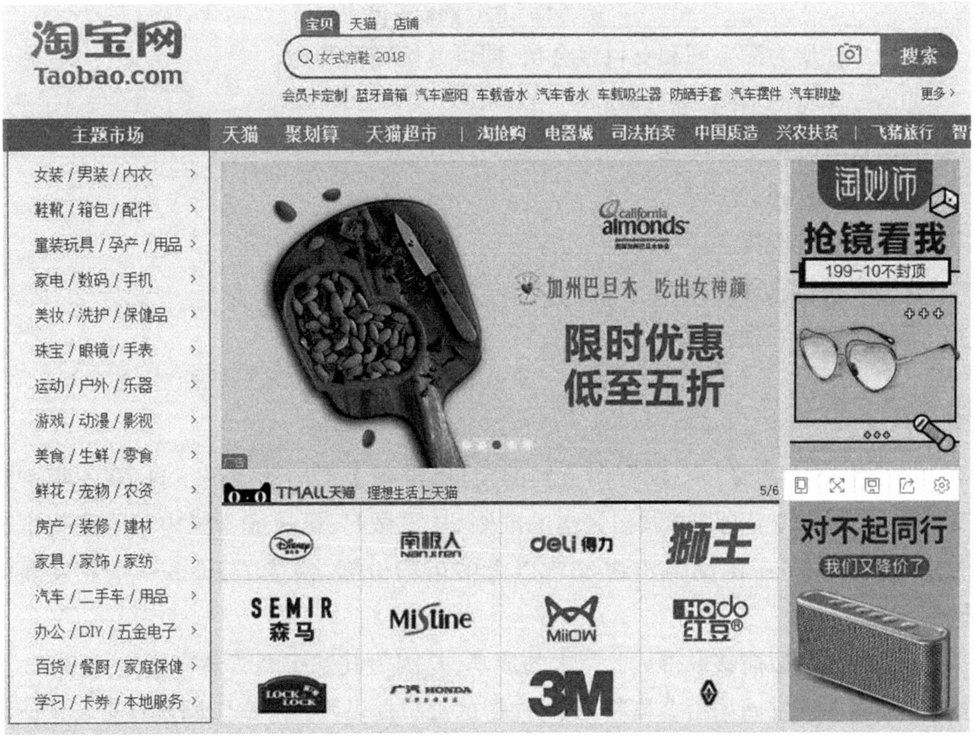

图2-13　淘宝网

淘宝网推出的及时沟通工具阿里旺旺,第三方支付平台支付宝让用户能够在享受网上购物乐趣的同时减少了其网购风险。

三、交易过程

在现阶段,C2C是电子商务中市场占有率最高的一种模式,越来越多的网民加入网络大军中。尤其以淘宝网为例,在很大程度上改变了人们的购物习惯。

①请科代表在课后作好统计,统计班上参加过网购的同学数量及比例。

②请参加过网购的同学谈谈自己印象最深刻的一次网购体验。

【学路领航】

C2C面向的是个人消费者,其交易过程比较简单,操作性很强,即使是初学上网购物的用户也能轻松掌握。以淘宝网为例,交易过程步骤如下(见图2-14):

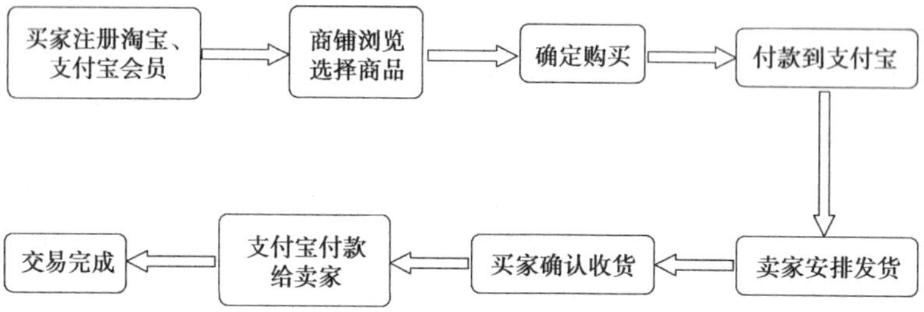

图 2-14　C2C 购物流程

①用户注册为淘宝网和支付宝会员,即可开始轻松购物。

②用户浏览淘宝网,挑选商品。

③通过旺旺和卖家沟通,最终确定购买,生成订单。

④买家付款到支付宝。

⑤卖家安排发货。

⑥买家确认收货。

⑦买卖双方互相评价。

四、案例分析

淘宝网,顾名思义——没有淘不到的宝贝,没有卖不出的宝贝。自 2003 年 5 月 10 日成立以来,淘宝网基于诚信为本的准则,从零做起,迅速成为国内网络购物市场的第一名,占据了中国网络购物 80% 以上的市场份额,创造了 Internet 企业发展的奇迹。

淘宝网之所以能够取得如此巨大的成功,是因为其基于经营者市场定位准确,经营思路清晰。淘宝网采用会员制,只对注册的会员提供服务。淘宝网还有实名认证制度,这极大地保证了网上交易的安全。网络购物最大的问题是信用问题,淘宝网通过支付宝、信用等级等手段打造了一个比较有效的信用体系。支付宝的诞生不仅仅是淘宝网的一个里程碑,也是中国电子商务的里程碑,它解决了困扰电子商务的支付方式(见图 2-15)。

淘宝网的另一个亮点在于它的即时通信软件——阿里旺旺(见图 2-16)。从创办时起,淘宝网就一直对买卖双方都免费,从开始就不限制买卖双方互留联系方式。使客户端与用户个人信息紧密结合在一起,极大地提高了交流效率。在激烈的竞争条件下,淘宝网通过这种即时沟通的方式,把交易透明化、沟通便利化,在买卖双方、上下游企业之间建立了良好的盈利模式。

淘宝网目前作为国内最大的 C2C 电子商务网站,商家可以利用网上折价促销、网上赠品促销、网络广告、信息发布等方式,在淘宝网这个第三方电子商务平台上进行营销销售,从而赢利。这对我国 C2C 电子商务的发展起到了很好的借鉴和促进作用。

可以预知,我国的 C2C 电子商务将来不仅能够发挥其网络优势,降低交易成本,而且可以提高用户的信赖度,杜绝网络诈骗,并最终走上快速、健康的发展道路。

图 2-15　支付宝首页

图 2-16　阿里旺旺首页

①你有在淘宝网或者其他 C2C 网站购物的经历吗？

②购物过程中你得到了什么样的体验？

【眼下留神】

随着 Internet 的极速发展，电子商务也得到了成长。就其交易模式而言，分类方法不一，国内外机构、学者都有其各自的依据。

电子商务模式的分类，国内外专家有许多研究，Paul Timmers 把流行的电子商务发展模式归纳为 11 种：网上商店、网上采购、网上商城、网上拍卖、虚拟社区、协作平台、第三方市场、信息中介、信用服务、价值链整合商、价值链服务供应商。

麦肯锡咨询公司认为存在 3 种新兴电子商务发展模式：销售方控制的商务模式（多卖主的网站）、购买方控制的商务模式（政府采购网）和第三方控制的商务模式（第三方交易平台）。

国内普遍的分类方法是以其参与交易的主体作为分类的依据，除了 B2B、B2C、

C2C 以外，还有 B2M、C2B、M2C、B2G、C2G 等。B2G、C2G 是政府的电子商务行为，不以赢利为目的，主要包括政府采购、网上报关、报税等，对整个电子商务行业不会产生大的影响。

如同传统商务模式那样，存在多种多样的企业电子商务模式，要根据企业发展战略、企业核心业务发展、产业链与价值链及市场竞争等多方面情况分析，通过业务、管理创新，确定企业电子商务模式，要根据实际效果及市场变化的情况适时进行调整。

【日积月累】

电子商务的基本模式是指电子商务的基础技术在不同商务领域中的应用层面，按照参与交易主体的不同对电子商务活动进行分类的一种方式。参与电子商务活动的主体目前主要包括政府、企业和消费者 3 种。在本项目中，主要涉及企业和消费者两种相关模式，即 B2B（企业与企业）、B2C（企业与消费者）和 C2C（消费者与消费者）。

（1）B2B

B2B 是指企业与企业之间的电子商务，指的是企业使用 Internet 或各种商务网络与供应商、客户（公司或企业）之间进行的交易和合作等商务活动。

和 B2C 相比，B2B 具有 4 个特点：①交易金额大，交易次数少；②支付方式比较单一；③交易对象广泛；④交易手续规范等。

企业进行 B2B 在线交易，比传统交易更高效、方便、快捷，还可以降低企业成本，拓展企业市场份额，增加市场机会。

（2）B2C

B2C 是指企业与消费者之间进行的电子商务活动。这类电子商务活动主要是借助 Internet 所开展的在线式商业活动。

和 B2B 相比，B2C 具有 4 个特点：①交易金额小，交易次数多；②支付方式多种多样；③交易对象为个人；④交易手续简单。

B2C 网站产品内容十分丰富，方便消费者选择，能为消费者提供方便、快捷的修改化服务，交易可以不受时空限制，也能降低成本和商品价格，使交易效率得到提高。

（3）C2C

C2C 是指消费者与消费者之间的电子商务活动，是消费者之间在网上彼此进行的小额交易活动，为消费者在网上提供了一个“个人对个人”的交易平台，使每个人都有机会参与电子商务活动。

C2C 因其交易主体的特殊性，具有 4 个特点：①交易成本较低；②经营规模不受限制；③信息收集便捷；④扩大了销售范围和销售力度。

C2C 可以进行网上拍卖，实现大众化交易，采取高度电子化的支付手段，也方便和加速了资金的流动，并且在一定程度上解决了社会的就业问题。

项目三

电子商务安全

【学习要点】

现代电子商务是以开放的 Internet 网络为平台,以现代信息技术为支撑开展的新型商务模式。电子商务在获得高速发展的同时,交易安全问题越发突出,并对电子商务的发展带来消极影响,阻碍了电子商务的健康发展。由于电子商务活动中的商务信息、交易数据涉及客户和商家的隐私以及商业机密,交易的任何一方都要求这些信息能在 Internet 上安全、可靠、可信地交换传输,采用有效的安全措施和信息安全技术是实现电子商务安全的根本保证。无论是商家还是客户都应了解并掌握一定的电子商务安全技术,共建电子商务安全交易环境。

学习完本项目后,你将能够:

- 描述电子商务安全内容和要求。
- 知道计算机网络安全及内容。
- 了解计算机网络技术及作用。
- 描述电子交易安全技术及应用。
- 描述数字证书及作用。
- 掌握数字证书的应用技术。

任务一　了解电子商务安全

电子商务安全对电子商务的健康运行和发展影响巨大,良好的电子商务安全环境将极大地增强交易各方的信心,促进电子商务的发展;反之,则会让电子商务陷入困境。

本任务要求你:

①知道电子商务安全的内容。

②了解电子商务安全的基本要求。

③了解电子商务安全的结构。

在电子商务活动中,交易的各方是不谋面的,相关的商务信息和交易数据都是通过开放的 Internet 及与之关联的信息系统来传输和处理的,这些信息中有涉及企业的商业机密和个人的隐私,它们在传输和处理过程中的安全保障是电子商务交易各方最为关注的。

一个行标、栏目、新闻、图片样样齐全的假冒中国银行网站,成功划走了呼和浩特一名市民银行卡里的 2.5 万元。一个假冒工商银行网站通过要求储户更改密码、网上购物等手段，盗取储户账号、密码，骗取网民钱财，在短时间内疯狂敛财近 80 万元。长沙发生利用木马病毒盗窃网络银行资金案，造成 8 万余元损失。

一位消费者网购一张 900 元的机票，在用网银 U 盾进行交易时，被诈骗网站骗走 190 万元。《2012 年中国网站可信验证行业发展报告》显示，网络诈骗每年给网民造成的损失不低于 308 亿元，而网购遭遇欺诈的网民规模达 6 169 万人。

青海一男子利用帮助他人注册网购账号之机，记下对方的银行账号和密码，并利用账号网购价值 6 万余元的物品。福建一伙犯罪嫌疑人通过发送钓鱼链接让买家付款，在短短 3 个月时间内，诈骗了 200 多名网购者，涉及国内 20 多个省市，涉案金额达 100 余万元。

①通过 Internet 进行商品交易时，有哪些信息要在网络中传输？

②网络上的信息都是可信的吗？有没有什么办法来鉴定网络信息的有效性和可信性？如怎样判定一个银行网站是真正的官方网站而不是冒充的？

③电子商务安全包括哪些方面的内容？

④你认为商务信息应该有哪几个方面的安全要求？

【学路领航】

在人们享受电子商务带来方便的同时，电子交易中的欺诈、信息泄露、盗用给人们造成了巨大的损失，极大地损伤了人们对电子商务的信心，严重阻碍着电子商务的健康发展。电子商务安全是电子交易各方必须面对且必须解决的问题。

电子商务系统建立在 Internet 基础设施之上，并由一套庞大的软件系统来执行交易的各项事务。Internet 的开放性、自由性和软件系统的复杂性决定了电子商务系统极易受到病毒、黑客攻击、操作失误、系统故障、有意识犯罪等因素的威胁。从整体上看，电子商务安全包括电子商务网络系统安全和电子商务交易信息安全两个方面的内容。

电子商务网络系统是指构成电子商务运营平台的软、硬件系统，包括相关的计算机网络设备、服务器计算机、通信信道、操作系统、数据库、通信协议等。电子商务系统安全首先要求传输商务信息的计算机网络基础设施本身是安全的。安全的计算机网络系统要求计算机、网络互联设备、操作系统、通信协议等组件是安全的。其中操作系统的安全是计算机系统安全的关键，也是电子商务系统安全的关键，网络协议的安全性在很大程度上决定了网络系统的安全性。

无论是传统商务还是电子商务，人们对商务信息的要求都是相同的，那就是希望商务信息具有机密性、完整性、不可否认性和真实性。

信息的机密性是指信息在传输、存储和处理过程中不被他人窃取。数据加密技术是信息机密性的基础保障。

信息的完整性是指信息在传输、存储过程中，不被非授权地修改、重建和破坏。通俗地讲,就是要保证接收到的信息与发送的信息完全相同。数字摘要技术可以检测信息在传输中是否保持了完整性。

信息的不可否认性是指信息的发送方发送信息后以及接收方接收信息后都不能否认和抵赖。数字签名技术能确认信息的发送方,保证了信息的不可否认性。

信息的真实性其实就是交易双方身份的真实性。使用数字证书可以对交易双方身份进行鉴别。

电子商务安全系统结构由网络服务层、加密技术层、安全认证层、交易协议层、电子商务应用系统层5个层次组成。

在安全结构层次中,下层是上层的基础,为上层提供服务支持;上层是对下层功能的扩展。各层之间相互依赖、相互关联,构成统一整体。网络服务层提供网络安全;加密技术层、安全认证层、交易协议层、商务系统层提供商务交易安全。计算机网络安全和商务交易安全是密不可分的,两者相辅相成、缺一不可。

【眼下留神】

电子商务安全是保证电子商务过程能够顺利完成的必要条件。电子商务中的安全问题,既要靠技术标准和安全协议来解决,还需要靠相关的政策、法律和法规来约束。

电子商务的安全包括物理安全、信息安全、通信安全、交易安全和管理安全5个部分。

威胁信息安全的主要攻击方式有窃听、伪装、报文篡改、渗透、流量分析和拒绝服务等,针对性的解决措施有加密技术、数字签名技术、访问控制技术、数据完整性技术和身份认证技术等。

电子商务安全既是计算机和网络安全技术问题,也是安全管理问题。在通过技术保障电子商务安全的同时,更需要建立和完善电子商务法律和法规,加强电子商务安全教育,严格按照法律、法规和相关制度去管理和运作电子商务。

【日积月累】

- 电子商务安全包括电子商务网络系统安全和电子商务交易信息安全两大内容。
- 商务信息安全要求交易信息在传输、存储和处理过程中具有机密性、完整性、不可否认性和真实性。
- 电子商务安全有两大支柱:一是电子商务安全技术标准和安全协议;二是相关的政策和法规。
- 电子商务安全系统结构从低到高由网络服务层、加密服务层、认证服务层、安全协议层、商务应用层5个层次组成。

任务二　认识计算机网络安全

现代电子商务系统必须借助 Internet 基础设施和标准来实现，计算机网络安全是电子商务系统安全的基础。计算机网络安全主要包括计算机网络的物理安全、计算机网络系统安全和数据库安全等，采用的安全技术主要有防火墙技术、加密技术、漏洞扫描技术、入侵行为检测技术、反病毒技术和安全审计技术等。

本任务要求你：

①知道常见的威胁计算机网络安全的因素。

②了解几种典型网络安全技术的特征和应用。

一、考察威胁计算机网络安全的因素

2011 年 8 月 6 日，在北爱尔兰都柏林出现的停电引起亚马逊和微软在欧洲的云计算网络数据中心停电而出现大规模玄机。这个数据中心是亚马逊在欧洲唯一的数据存储地，玄机事件使得采用亚马逊 EC2 云服务平台的多家网站中断服务达两天。

2012 年 7 月 11 日，加拿大通信服务供应商 Shaw Communications 位于卡尔加里的数据中心发生了一场火灾，造成当地医院的数百个手术延迟。此次火灾事件影响了支持关键公共服务主要的备份系统。

2012 年 10 月 29 日，超级飓风“桑迪”使纽约和新泽西州周围地区数据中心发电机运行失常，为受灾地区数据中心产业带来了规模空前的灾难。

2012 年 9 月 10 日，Go Daddy 网站由于路由器表的数据损坏造成 DNS 服务器中断。域名巨头 Go Daddy 是一家最重要的 DNS 服务器供应商，拥有 500 万个网站，管理超过 5 000 万的域名。此次 DNS 服务中断事件为 2012 年最具破坏性的事件之一。

2012 年 8 月 6 日，盛大云在无锡的数据中心因为一台物理服务器磁盘发生损坏，导致用户数据的丢失。

2012 年 2 月 28 日，由于“闰年 bug”导致微软 Azure 在全球范围内大面积服务中断，中断时间超过 24 小时。

2011 年 6 月 8 日，美国花旗银行证实，该银行系统被黑客侵入，21 万北美地区银行卡用户的姓名、账户、电子邮箱等信息可能被泄露。

国际货币基金组织（IMF）内部网络系统遭黑客袭击致使数据库遭到部分破坏，疑似为一起“网络钓鱼”事件，该组织的某位工作人员可能在不知情的情况下误点了某个不安全的链接，或者运行了某个使黑客得以入侵的软件。

2011 年 12 月 21 日，有黑客在网上公开 CSDN 网站的用户数据库，导致 600 余万个注册邮箱账号和与之对应的明文密码泄露之后，网上陆续曝出人人网、天涯、开心网、世纪佳缘、珍爱网、美空网、百合网、178、7K7K 等知名网站的用户密码遭到网上公开泄露。此次事件堪称中国 Internet 史上最大泄密事件。

①有哪些自然因素会威胁计算机网络的安全?

②来自计算机网络系统内部有哪些不安全因素?

③人为原因导致网络不安全的行为有哪些?

④在保障网络安全性方面你有哪些建议?

【学路领航】

计算机网络是由计算机、通信设备、通信线路连接起来在网络操作系统和通信协议的管理和控制下实现数据通信和资源共享的信息处理系统。网络系统远比单机系统复杂,其遭受的安全威胁也大大多于单个计算机,这些威胁中有人为故意或无意造成的,也有非人为而不可抗拒的,主要包括网络硬件故障或损毁造成的网络通信中断、人为攻击造成的系统瘫痪。

(1)网络物理硬件问题

①硬件设备设计或生产缺陷导致的运行故障对系统数据可能造成破坏,甚至会引起不可恢复的灾难性后果。

②系统电源故障。不论是突然停电还是系统电源故障都会中断系统的工作,从而使正在进行操作的数据出错或丢失。突然断电对系统硬件设备也会产生损伤。

③电磁泄漏引起信息失密。计算机和其他一些网络设备多数都是电子设备,当它工作时会产生电磁辐射,别有用心之人完全可以利用无线接收装置窃取网络机密信息。

④搭线窃听。将导线搭接到网络传输线路上进行监听,通过解调和正确的协议分析完全可以窃取通信的内容。

(2)自然灾害

各种自然灾害,如地震、水灾、台风、泥石流、火灾、空气污染、建筑物破坏等不可抗自然力会对计算机网络系统构成严重的威胁。

(3)黑客的恶意攻击

黑客是指计算机信息系统的非法入侵者。他们的攻击手法多种多样,归纳起来有两种形式:一是主动攻击,利用各种方式有选择地破坏信息的有效性和完整性;二是被动攻击,在不影响网络正常工6作的情况下进行截获、窃取、破译以获得重要机密信息。无论采用哪一种攻击方式都是以获取机密数据并以此谋利为目的。

(4)软件系统不可避免地存在“漏洞”和“后门”

漏洞是软件的设计缺陷,是开发过程无意或疏忽留下的。后门则是设计人员为了调试程序人为有意设置的,可方便进入系统的接口。不论是漏洞还是后门都可以被非法入侵者用于窃取系统机密数据或控制系统。

(5)网络协议的安全漏洞

网络服务必须通过各种各样的网络协议来完成,网络协议的安全是网络安全的重要内容。网络协议的安全性包括网络协议设计和实现两个方面,要保证网络协议的绝对安全几乎是不现实的。网络协议的漏洞是当今 Internet 面临的一个严重安全问题。

(6)计算机病毒的攻击

计算机病毒是人为编制的、对计算机系统具有破坏性的、能自我复制的计算机指令或者程序代码。计算机病毒具有寄生性、传染性、潜伏性和破坏性 4 个特征。病毒代码附着在正常的程序文件中,并在被感染的程序启动时复制到其他程序文件完成传染,在发作条件具备时产生对系统的破坏。病毒不但影响系统的正常运行,还破坏系统软件数据。

【眼下留神】

- 备份技术是应对系统硬件故障和自然灾害的有效措施。
- 黑客程序和病毒大多数会利用系统漏洞、协议漏洞、使用者疏忽来实施系统入侵。强化计算机及网络使用安全意识、安装防病毒软件、定期扫描系统漏洞和打补丁能较大限度防范这类攻击。

二、考察计算机网络安全技术

一大型集团公司欲在全国 10 个省会城市建立分公司,这 10 个公司的业务要通过一个信息平台进行管理,以保证公司业务的正常运营。为满足公司业务需求,必须建立覆盖所有业务范围的网络基础设施,确保为应用系统提供足够的支撑环境。通过建立完善的安全系统,避免来自网络内部和外部的安全威胁。

1. 公司的安全保障体系需求

①按照国家相关标准进行机房设施建设,采取必要的系统冗余,建立完备的备份、恢复机制,包括容灾备份中心建设,为应用系统提供安全可靠的运行环境。

②合理划分安全区域,控制用户的访问区域与权限,将风险损失控制在最小范围。

③提供多种数据传输模式,满足客户多种数据传输要求,确保数据在外网平台上传输过程中的保密性和完整性。

④在符合标准的条件下优先使用国产设备和软件,避免系统“后门”。建立合理的漏洞发现和修补系统,防止非法入侵。

⑤建立计算机病毒防护体系,防止由于计算机病毒而引发的安全事故。

⑥建立统一的身份认证机制,并以此建立用户和角色管理、权 Fil 拉制和访问控制管理,防止对应用系统的数据库服务器、邮件服务器及文档服务器的非法存取、删改和破坏,保证数据物理和逻辑的完整性,同时对关键数据加密存储。

⑦实现对门户网站文件属性和文件内容的实时监控,可以自动、安全恢复网站文件系统。

⑧加强对各种网络安全事件的检测与审计,其中包括:检测来自内部和外部的黑客入侵行为,监视网络流量及各种主机设备,监视数据库系统及应用系统的运行情况,并及时报警。

⑨建立完善的安全保障组织机构，包括设立应急支援中心，不但负责日常的保密工作，而且能够处理紧急突发的安全事故；能够根据不断变化的情况，及时调整和完善安全策略，保证网络的动态安全与持续安全。

⑩建立完善的安全管理机制，有效地确保安全策略的准确执行，减少人为因素造成的系统安全事故。

⑪建立完善的安全管理咨询、评估、规划、实施及培训制度；制订严格周密的培训学习计划，提高全体员工的安全保密知识和技能，加强安全防范意识；确保相关技术人员熟练使用安全设备，防范安全漏洞。

2. 公司的安全体系结构

公司的安全体系结构如图 3-1 所示。

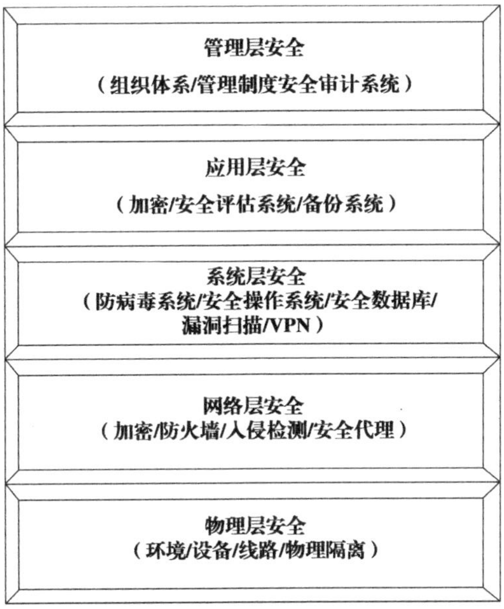

图 3-1　公司网络安全体系结构

（1）物理安全

物理安全主要是指网络周边环境和硬件设备的物理特性引起的设备和线路的不可用，从而造成网络系统的不可用。它涉及以下 3 个方面的问题：

①环境安全：电子设备所安装的物理环境不安全，可能使设备被盗或毁坏，链路老化或被有意或者无意地破坏，计算机设备的电磁辐射造成信息泄露。

②系统可靠性：设备故障或者停电而引起系统瘫痪。

③容灾与备份：地震、火灾、水灾等突发性事件往往会使计算机系统遭到严重破坏，缺乏必要的安全保护和备份措施，会使信息系统和数据资源受到毁灭性打击，造成不可挽回的重大损失。

（2）网络安全

网络安全主要是指在数据传输和网络连接方面存在的安全隐患。它涉及以下两个方面的问题：

①数据传输安全:信息系统的数据传输主要通过网络来完成,数据在传输信道中可能被窃听或者篡改。

②网络边界安全:没有严格划分,不同安全区域暴露在另一个安全区域中,可能造成对应用系统的非法入侵和攻击。

(3)系统安全

系统安全主要是指电子政务网络所采用的操作系统、数据库以及相关商用软件产品的安全漏洞和计算机病毒对应用系统造成的威胁。它涉及以下3个方面的问题:

①系统漏洞风险:复杂的操作系统软件、数据库以及相关商用软件产品由于设计原因,存在安全漏洞,甚至“后门”,给非法入侵者以可乘之机。

②病毒入侵风险:计算机病毒在网络上传播,不仅威胁信息系统中的敏感信息,而且还会使整个信息系统和网络的性能下降,甚至瘫痪。

③非法入侵风险:操作系统软件、数据库以及相关商用软件产品的安全级别较低,使得系统比较脆弱,容易造成非法入侵。

(4)应用安全

应用安全主要是指角色、用户管理、身份认证、权限管理和数据传输等方面的安全威胁。它涉及以下5个方面的问题:

①角色管理:对系统中的角色区分不细致,造成某些角色对系统资源的不合理访问和修改,使应用系统存在一定的风险。

②用户管理:应用系统维护所有能够进入系统的用户信息,包括内部用户与外部用户,如果不能将用户与应用系统中的角色进行合理匹配,会使应用系统存在风险。

③授权管理:对于应用系统中的角色如果不能合理授权,分配合适的权限,信息资源的访问控制就不会得到统一管理,可能使信息资源遭到破坏或者泄露。

④用户认证:假冒的登录身份、未经授权的非法操作和访问是信息系统中存在的重大安全隐患。

⑤数据安全:在数据的网络传输过程中,能接触信息的人很多,存在数据被破译的风险,在应用层仍然需要对数据进行最直接的加密,从而保证数据的物理和逻辑完整性。在数据存储方面,对关键数据加密存储。

(5)管理安全

管理安全涉及以下4个方面的问题:

①组织管理:在组织建设上,如果责权不明,管理混乱,极易造成分工不明确,对安全设施的管理不到位,会影响安全设施发挥效能,甚至阻碍应用系统功能正常发挥。

②制度管理:如果没有完善的安全管理规章制度,或者缺乏可操作性的管理制度都可能引起管理安全的风险。

③人员管理:所有的设备都要靠人来维护,如果不对人员作出严格管理,那么所有的安全保障措施都形同虚设。

④安全审计系统:当出现攻击行为或受到其他安全威胁时,如果不能实时地检测、

监控、报告与预警,会使损失不断扩大。同时,也无法提供对攻击行为的追踪线索及破案依据,使安全系统无法构成强大的威慑力。

该安全体系应提供整体防病毒、防火墙、防黑客、数据加密、身份验证等功能,有效地保证重要文件和机密文件的安全传输,严格制止经济情报丢失、泄密等现象发生。

①在一个企业网络中有哪些网络安全需求?

②从上述安全方案中可以算出该公司采用了哪些应对的网络安全技术?

③防火墙、防病毒、漏洞扫描、VPN、入侵检测和安全审计可以应对哪些方面的安全要求?

【学路领航】

计算机网络安全技术是伴随对网络的攻击而发展起来的,主要有防火墙技术、漏洞扫描技术、入侵检测技术、VPN 技术、反病毒技术和安全审计技术等。

1. 防火墙技术

防火墙是计算机网络中的一个安全组件,它可以由一个纯软件实现,也可以由软件和硬件共同实现。防火墙通过部署在企业内网和不安全的外部网络之间,用于控制、监视管理内部网络和外部网络之间的所有数据通信等,在内部网络和外部网络之间构筑一个安全屏障。按照防火墙的工作原理,防火墙一般分为包过滤型、状态检测型和应用代理型 3 种。

(1)包过滤型防火墙

在计算机网络通信的数据单元中,有一种称为数据包,它携带有发送方和接收方的网络地址,封装数据所用协议类型标志,端口号(用于标记网络服务的编号,如 80 代表 WWW 服务,20/21 代表网 FTP 服务)等信息。通过制订恰当的安全过滤规则可以把不期望的数据包过滤掉,只允许合法的数据流通过防火墙,以此达到保护内网数据安全的目的。

(2)状态检测型防火墙

状态检测技术是数据包过滤技术的扩展,也称为“动态数据包过滤”技术。状态检测防火墙从接收的数据包中提取安全策略所需的状态信息,并将这些信息保存在动态状态表中,防火墙依据当前数据包的状态、状态表以及过滤规则判断是否允许该数据包通过防火墙。状态检测技术的数据包过滤功能扩展到身份验证和应用级,与传统的数据包过滤器防火墙所能达到的过滤效果相比,状态分析技术的过滤功能更有效率,也更准确。

(3)应用代理型防火墙

代理型防火墙是一台位于内网和 Internet 之间的代理服务器,它负责接收内网用户发出的 Internet 服务请求,并代用户转发到目标服务器上,然后把目标服务器的响应反馈给内网的用户。使用代理型防火墙后,内部网与 Internet 没有任何直接的连接通路,由代理型防火墙处理一切通信,对外完全隐藏内网的结构,外部只能看到代理服务器而无法获知任何的内部资源。代理服务器可以在应用层执行安全策略，加强了网络的边防。黑客难以对内网进行通信分析并发起网络攻击。

2. 漏洞扫描技术

漏洞是软、硬件或策略上的设计缺陷，这些缺陷使得攻击者能够在未授权的情况下访问，甚至控制系统。漏洞扫描是自动检测远端或本地主机安全漏洞的技术。它通过执行一些脚本程序对系统进行攻击并记录它的反应来发现系统中的漏洞，然后通过升级、打补丁、修改安全策略等手段修复漏洞。

3. 入侵检测技术

入侵检测技术是指通过采集和分析计算机网络或计算机系统中的关键节点的信息，来发现网络或系统中是否有违反安全策略和遭到攻击事件的一种技术。该技术通过分析入侵过程的特征、条件、排列以及事件间的关系，获取入侵行为的相关信息，这些信息不仅用于分析已发生的入侵行为，还添加到系统数据库中，增强系统的防范免疫能力，避免系统再次受到同类入侵。它是一种主动保护系统免受攻击的网络安全技术，能在入侵攻击对系统发生危害前检测到入侵攻击，并利用报警与防护系统阻止入侵攻击，并能在入侵攻击过程中，减少入侵攻击所造成的损失。

4. VPN 技术

VPN 是虚拟专用网的缩写。虚拟专用网利用不可靠的 Internet 作为信息传输媒介，通过隧道技术、用户认证、访问控制、数据加密等技术，实现与专用网络相类似的安全性能，从而在公用网络上实现对重要信息的安全传输。隧道技术是 VPN 的基本技术，通过隧道协议把其他协议封装的数据包重新封装为新的数据包，再通过公共网络传递到目的网络，然后解封还原为原始数据包。隧道协议重新封装的数据包在公共网络上传递时所经过的逻辑路径被称为隧道。常用的隧道协议有 PPTP、L2TP 和 IP-SEC。加密技术为数据提供了保密性、真实性、完整性，防止数据被非授权查阅。

5. 反病毒技术

反病毒技术一般分为病毒预防、检测、清除 3 个方面。

病毒预防技术是一种动态判定技术，对病毒的行为规则进行分类处理。对已知病毒的预防可以采用特征判定，对未知病毒的预防则采用动态的行为规则判定。预防措施包括磁盘引导区保护、加密可执行程序、读写控制技术和系统监控技术等。

病毒检测是针对特定病毒的，它有两种检测方式：一种是根据计算机病毒的关键字、特征程序段内容、病毒特征，以及传染方式、文件长度的变化，在特征分类的基础上建立的病毒检测技术；另一种对某个文件或数据段进行检测和计算并保存其结果，以后在定期或不定期的检测中若出现差异，则表示该文件或数据段已遭到病毒的破坏。

病毒的清除是病毒传染程序的逆过程。清除病毒是在检测出病毒后，研制专门的杀毒软件来消除病毒的传染，并清除受感染文件中的病毒代码。

6. 安全审计技术

安全审计是指用于记录用户在网络中进行的所有活动过程，它不仅能够识别是谁访问了系统,还能指出系统正被如何使用。这些审计信息对确定问题和攻击者十分重要,可为网络犯罪、泄密等破坏行为提供有力证据。安全审计可以在防火墙、入侵检测系统、网管系统、操作系统、应用软件系统和网络运营管理机制各个层次上实施。

【眼下留神】

● 黑客攻击目前已成为计算机网络面临的最大威胁。

● 包过滤防火墙是最简单的防火墙实现方案,可以由边界路由器担当,具有成本低、易实现、网络性能和透明性好的优势。

● 包过滤防火墙只对单个数据包进行检查,而不考虑之前数据包的状态,无法检查分布在多个数据包中的攻击信号。进行复杂条件过滤时,过滤规则变长也会降低网络性能。

● 代理服务器比单一的包过滤更为可靠,而且会详细地记录所有的访问状态信息。

但用户访问网络时必须通过代理服务软件才能完成,它使网络访问速度变慢,并且有的网络应用不支持代理。

● 状态检测型防火墙兼顾了包过滤防火墙和代理型防火墙的优势,是防火墙技术发展的方向。

● 入侵检测系统(IDS)不仅检测来自外部的入侵行为,还同时检测内部用户的未授权活动,以发现合法用户滥用特权,提供追究入侵者法律责任的有效证据。

● 对计算机病毒应以预防为主,养成良好防毒意识和采取必要的安全措施,可以大大减少病毒攻击的危险并有效地防御大多数病毒。

● 安全审计是提高网络系统安全性的重要工具,对审计数据的维护是安全管理的重要工作。

【日积月累】

● 网络安全威胁主要包括网络硬件设备故障、自然灾害、计算机病毒、黑客攻击、系统漏洞、拒绝服务等。

● 常用的网络安全技术有防火墙技术、漏洞扫描技术、入侵检测技术、VPN 技术、反病毒技术和安全审计技术等。

任务三 认识电子商务交易安全

电子商务的参与方都是以不谋面的方式进行商品贸易和资金结算的,所有的商务数据都通过 Internet 进行传输,参与的各方都有各种各样的担忧,如虚假信息、冒用账号、交易欺诈、信息泄密、行为抵赖等,通过加密技术、认证服务和安全交易协议的综合应用,可以最大限度地实现交易安全。

本任务要求你：

①了解常见的加密技术及应用。

②认识数字签名和数字证书及应用。

③能描述安全交易协议及工作流程。

一、考察常见的加密技术

随着大型企业管理软件的发展，加密技术的应用越来越广泛。企业数据平台涉及局域网、广域网、Internet 等。在各类系统中保存的企业关键数据量越来越大，许多数据需要保存数十年以上，甚至是永久性保存。关键业务数据成了企业生存的命脉和宝贵的资源，数据安全性问题越来越突出。如何增强企业软件系统的安全性、保密性、真实性、完整性，成为企业信息主管关注的焦点。加密技术则是数据安全的基础。

《高卢战记》中描述在古罗马战争中恺撒大帝曾经使用密码来传递军事情报，即著名的"恺撒密码"。它是一种移位替代密码算法，通过将字母按顺序推后 3 位起到加密作用，如将字母 A 换作字母 D，将字母 B 换作字母 E。如可读的明文信息"China"可以转换为不可读的密文"Fklqd"；解密过程则相反。在这个简单的加密方法中，"向右移位"，可以理解为加密算法；"3"可以理解为加密密钥。对于解密过程，"向左移位"，可以理解为解密算法；"3"可以理解为解密密钥。显然，密钥是一种参数，它是在明文转换为密文或将密文转换为明文的算法中输入的数据。

恺撒加密法的安全性来源于两个方面：第一，对加密算法的隐藏；第二，对密钥的隐蔽。一般说来，加密之所以安全，是因为其加密的密钥的隐藏，并非加密解密算法的保密。

流行的一些加密解密算法一般是完全公开的。敌对方如果取得已加密的数据，即使得知加密算法，若没有密钥，也不能进行解密。

1972 年，IBM 公司的沃尔特·塔奇曼和卡尔·迈歇尔研制成功了 DES 密码系统。DES 密码系统是一种分组密码，是为二进制编码数据设计的，可以对计算机数据进行密码保护的数学运算。DES 密码通过密钥对 64 位二进制信息进行加密，把明文的 64 位信息加密成密文的 64 位信息。DES 系统的加密算法是公开的，其加密强度取决于密钥的保密程度。加密后的信息可用加密时所用的同一密钥进行求逆运算，变换还原出对应的明文。在 DES 密码系统中，密钥分成 8 个 8 位的字节，在每一个字节中的 7 位用于加密，第 8 位用于奇偶校验。64 位密钥中的 56 位用于加密过程，其余 8 位用于奇偶校验。

该算法于 1975 年 3 月公开发表，1977 年被美国国家标准局（现为美国国家标准和技术研究所）颁布为商用数据加密标准，这是美国国家标准局公布的第一个分组密码。DES 密码是一个国家级的标准，是提供给美国联邦政府各机构在非军用场合需要密码保护的计算机系统或网络使用的数据加密标准。1980 年，DES 密码成为美国标准化协会（ANSI）的标准。

DES 成为国际标准以来，一直超越国界成为国际上商用保密通信和计算机通信最常用的加密系统。随着 DES 的应用范围扩大到美国以外的公司，某些美国军事部门也使用了 DES。这引起了美国国家安全局的忧虑，担心这种方法被敌对国使用，美国政府不允许出口该算法的加密软件。每隔 5 年，由美国国家保密局(NSA)对 DES 作评估，并重新批准它是否继续作为联邦加密标准。原先规定 DES 使用期为 10 年，但新的加密标准尚未完成，DES 超期服役了很长时间。20 世纪 90 年代以后，密码技术的进步使密钥搜索的时间进一步缩短，DES 密码系统受到了严重的威胁。

标准的 DES 密码系统的安全性受到质疑，为了增强 DES 的安全，在基本不改变加密强度的条件下，通过扩展密钥长度的方式发展了多种变形 DES，如 3DES 密钥长度 192 位、具有独立子密钥的 DES 密钥长度达到 768 位。高级加密标准 AES 是 DES 的替代方案，支持 128、192、256 位 3 种密钥长度，是新一代的数据加密标准，具有安全性、高性能、高效率、易用和灵活等优点。

1976 年，由 Diffie 和 Hellman 等人及 Merkle 分别在斯坦福大学和加利福尼亚大学提出了公开密钥密码系统。1978 年，由 Rivest、Shamir 和 Adlemman 在麻省理工学院成功研制以 3 人姓名首字母命名的 RSA 算法。它是公开密钥密码系统中一种比较成熟的算法。公开密钥密码系统也称为非对称加密系统，其最大的特点是采用两个不同的密钥，加密密钥公开称为公钥，解密密钥保密称为私钥，用公钥加密后的信息只能用对应的私钥解密；反之，用私钥加密的信息只能用对应的公钥解密，其他人无法从公钥和密文中获得私钥的任何信息，通信双方无须交换密钥就可以保密通信。

RSA 算法的关键思想是利用了将两个大素数相乘生成一个和数很容易，但要把一个大的和数分解还原为两个素数却十分困难的数学事实。RSA 公钥加密技术的破解与密钥的长度有关，最常见的破解方法是因式分解，如果密钥的长度小于或等于 256 位，一台较快的计算机可以在几个小时内成功分解其因子。2009 年 12 月，研究人员因式分解了 768 位 RSA 算法，1 024 位所需时间是 768 位的 1 000 多倍，在短时间内 1 024 位是安全的，但研究人员表示 1 024 位密钥预计将会在 10 年内被攻破，三四年内应逐步淘汰 1 024 位 RSA 密钥，需要采用 2 048 位 RSA 密钥加密和验证才能保证通信的安全。

RSA 由于进行的都是大数计算，RSA 采用的密钥越长，加密速度越慢，使得 RSA 最快的情况比 DES 慢了 100 倍，无论是软件还是硬件实现，速度一直是 RSA 的缺陷，一般来说只用于少量数据加密。DES 可由一块集成电路实现加密和解密，执行速度快，效率高，适合加密较长的报文。RSA 与 DES 的优缺点正好互补，即 DES 用于明文加密，RSA 用于 DES 密钥加密，解决 DES 密钥分配的问题。美国的保密增强邮件(PEM)就是采用了 RSA 和 DES 结合的方法，目前已成为 E-mail 保密通信标准。

①加密系统由哪几个基本要素组成？

②明文和密文分别指的是什么？密钥起什么作用？

③密码系统的安全性由哪些因素决定？

④查阅关于 DES 和 RSA 的相关信息，试比较两种加密系统说明它们的特点和应用选择。

【学路领航】

在密码系统中，待传送的信息称为明文，经过加密变换算法生成不可阅读形式的内容就是密文。密文可以通过不安全网络传输，接收方对密文进行解密变换还原成明文。加密和解密都要依赖相应的算法和密钥。加/解密算法是实现加密和解密的方法、规则与步骤，密钥是一个用于加/解密的符号串，在加/解密时输入算法中。密码系统的安全性基于算法安全和密钥安全，算法保密不易实现。在现代密码系统中，加/解密算法是公开的，而密钥是保密的。密码系统包括明文、密文、加密算法、解密算法和密钥 5 个要素。密码系统的工作过程如图 3-2 所示。

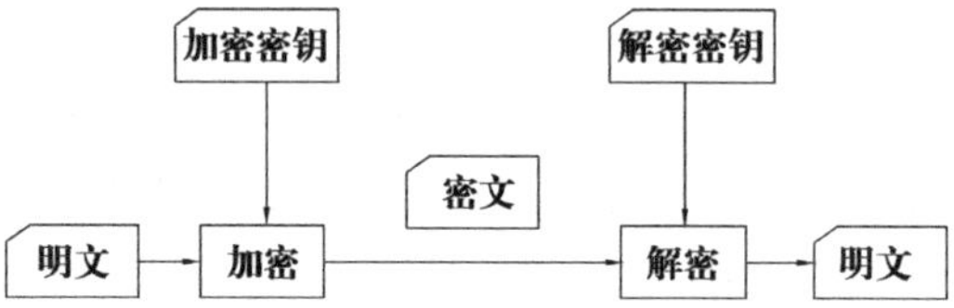

图 3-2　密码系统的工作过程

密码技术可以保证电子商务信息的机密性、完整性、不可否认性和真实性。当前主要使用的密码技术有对称加密技术和非对称加密技术两大类。

（1）对称加密技术

对称密码系统加密和解密使用相同的密钥。典型的对称加密技术是 DES（Data Encryption Standard，数据加密标准）密码系统。它是军用场合需要密码保护的计算机系统或网络使用的数据加密标准。1980 年，DES 成为美国标准化协会（ANSI）的加密标准，成为国际上商用保密通信和计算机通信最常用的加密系统。

DES 是一种分组密码系统，是为二进制数据编码设计的。DES 把明文分成 64 位的信息分组，使用加密算法和 64 位密钥把明文的 64 位信息加密成密文的 64 位信息。DES 系统的加密算法是公开的，其加密强度取决于密钥的保密程度。加密后的信息可用加密时所用的同一密钥进行求逆运算，变换还原出对应的明文。

标准的 DES 加密系统在 1998 年已被美国电子新产品开发基金会研制的“Deep Crack”计算机花了 56 小时破译。标准的 DES 算法只能用于保密级别不高的加密通信。针对 DES 密钥长度较短的缺陷，可以采用多组密钥对明文分组进行多次加密来提高加密强度。3DES 采用两组或三组 64 位密钥对明文进行二次加密，使密钥长度扩展到 128 位或 192 位。3DES 在不改变算法的基础上增加加密强度，降低因扩展加密强度而增加的各种开销。

AES（Advanced Encrytion Standard，高级加密标准）是在 DES 被破译的速度越来越快的情况下提出的替代加密方案。AES 是一个非保密的、公开的、全球免费使用的加密算法。它仍采用对称密码体制，分组密码算法，明/密文分组长度为 128 位，支持

128 位、192 位、256 位的密钥长度。AES 具有安全、高效、易用和灵活等优点。

(2)非对称加密技术

密钥是密码系统的关键要素,在对称加密系统中,加/解密使用相同的密钥,每一对通信主体必须拥有一对不同的密钥,密钥的管理是一个突出的问题。在电子商务环境中,通信主体之间互不谋面,要事前在两者之间安全共享密钥几乎是不可能的,如何保护双方交易时传输的商务信息,怎样确认对方的身份是否合法,对称加密技术不能有效解决这些问题,而由 WDiffie 和 MEHellman 在 1976 年提出的非对称加密技术,较好地解决了电子商务中交易行为抵赖和身份认证等难题。

在非对称加密系统中,通信主体只需拥有一对密钥就可以实现信息保密、数字签名、身份验证等通信要求。这对密钥中一个用于加密,是需要公开的,称为公开密钥(简称公钥);另一个用于解密,由通信主体保密管理,称为私有密钥(简称私钥)。公钥和私钥是成对生成的,也是成对使用的,用公钥加密的数据只能由对应的私钥才能解密;反之亦然。

公钥密码体制依赖的基础是数学上的某类问题求解困难,对于某类数学问题,其计算复杂性相当大,在有限的时间内,无法求出该问题的解。目前,广泛使用的非对称加密算法是 RSA,就是基于“大整数质因子分解”非常困难这一数学难题的,这里的大整数通常有几百位长,两个大的素数相对容易计算,但反过来要将这个积分解为两个大素数因子的计算却相当困难,计算量很大,甚至有可能无法实现。RSA 用于保密通信时,通信主体 A 用 B 的公钥加密要发送的信息,然后通过网络把密文发送给通信主体 B,B 收到密文后用自己的私钥解密还原成明文,密文即使在传输过程中被窃取,但由于没有 B 的私钥而不能解密,窃取者不能使用其中的数据。反过来,B 要加密发送给 A 的信息则用 A 的公钥,A 则用自己的私钥解密信息。

【眼下留神】

- DES 加密算法编码和解码的速度较快,执行效率比较高,适合需要加密传输大量数据的情况。
- 由于 DES 加密和解密使用相同的密钥,因此密钥必须保密存储。DES 要求每对保密通信的用户都需要一个密钥,每个用户都需要管理和维护大量的密钥,这对用户来说基本不可能,并且在 Internet 上安全分发 DES 密钥也是很困难的。
- 非对称加密技术不需要在 Internet 上交换密钥,通信的用户只需要公开自己的公钥,其他人就可以与之实现保密通信,而不需要管理和维护大量的密钥。
- 非对称加密系统中仍然需要解决密钥管理和分发以及公钥的完整性和所有权问题。
- RSA 的性能比较低,适用于对短的明文信息加密。如账号及密码、DES 的密钥等。RSA 常与 DES 配合使用,RSA 用于分发通信双方会话的 DES 密钥,DES 密钥用来加密双方通信报文。

• 现代密码系统的加/解密算法是公开的，密码系统的安全取决于密钥的强度和保密程序。密钥越长，安全性越高，但要求计算机的运算能力也越高。在实际应用中要在安全性和适用性上求得平衡。

二、考察数字证书及功能

一名记者关于网上银行安全性问题对某信息安全工程技术中心主任进行了采访。

记者：春节期间，我开通了多家银行的网上银行业务，除了中国银行的网上银行业务没有提供数字证书外，工商银行、招商银行、农业银行、北京银行等都在自己的网上银行业务中提供了数字证书服务，银行的工作人员向我表示，数字证书是保护用户网上银行账户安全的最有效手段。究竟什么是数字证书呢？

主任：经常有人问我数字证书是什么？数字证书有什么作用？数字证书应该怎么用？要回答这些问题，首先要从最基本的密码技术说起。

密码技术可以为网上银行业务中发生和传递的各种信息，在其产生、交换、使用和存储等过程中提供 4 种安全保证：第一是机密性。机密性或隐私性保证信息不被非法获得。第二是完整性。数据完整性保证信息不被无意或有意改动。第三是真实性。真实性保证信息的发送方和接收方的身份得到唯一性确认，这样信息的发送和接收双方就都知道信息的来源和去处。第四是不可否认性。不可否认性提供对数据完整性和来源的第三方验证，不可否认性服务可以在发生诉讼时提供重要的法律证据。

密码技术是实现网络安全保证的核心技术，密码技术的核心是密码算法和密码算法的具体应用。网上银行涉及的数字证书，都是以密码技术为基础的。

有人把数字证书俗称为"网络身份证"，它是以密码技术为核心，集政策法规、安全管理于一体，用于在 Internet 信息世界中标志用户身份的电子身份凭证和电子签名载体。数字证书采用公钥密码体制，即利用一对互相匹配的密钥进行加密和解密。每个用户拥有仅为本人所掌握的私有密钥（私钥），并用其进行解密和签名。同时，拥有与私钥相对应的公共密钥（公钥），用于加密和验证签名。当发送一份保密文件时，发送方使用接收方的公钥对数据加密，接收方则使用自己的私钥解密。这样，信息就可以安全无误地到达目的地了，即使被第三方截获，由于没有接受方独有的私钥，也无法进行解密。数字证书保证了加密过程是一个不可逆的过程，即只有用私钥才能解密。

记者：网上银行业务由于用户和银行之间并不见面，需要通过网络传递数据来完成账户的登录、确认以及业务办理等过程，在这些过程中必然涉及对机密性、完整性、真实性以及不可否认性的要求。基于公钥密码体系，数字证书是利用哪些技术来实现这 4 种安全保证的呢？

主任：在实际操作中，可以采用对称密码算法对数据加密，解决信息的机密性问题；采用哈希算法计算数据摘要，解决数据的完整性问题；采用公钥密码算法生成数字信封，解决对称密码算法密钥的保护和传递问题；采用公钥密码算法生成数字签名和验证签名,解决信息的真实性和不可抵赖性问题。

记者:对称密码算法、公钥密码算法,这些概念对于大众来说可能都不是很清楚,它们之间有什么不同?

主任:对称密钥加密的特点是加密和解密使用相同的密钥,它要求发送者和接收者在安全通信之前先商定一个密钥,经过加密的信息可以通过非安全的媒介,自由地从一个地方发送到另一个地方。用对称密钥加密技术构成的密码系统的安全性依赖于密钥保密,泄露密钥意味着加密所带来的安全性不复存在,只要消息需要加密保护,密钥就必须保密。

对称密钥加密技术的最大局限性在于必须设计出一些方法来安全地分发和管理作为系统核心的密钥,通常称为密钥管理。当涉及很多个当事方时,会导致巨大的幕后工作量和时间延误。为了将密钥泄露导致的损失降至最低,必须经常变更密钥,这会增加幕后工作的复杂性。

公开密钥加密也称非对称密钥加密,它的特点是加密和解密使用不同的密钥,这两把密钥在数学上是相关的,加密密钥可以公开,称为公钥;解密密钥必须保密,称为私钥。公开密钥算法的安全性是基于知道公钥并且不能通过计算推导出私钥这个前提的。

公钥是公开的,任何人都可以使用接收者的公钥加密消息并发给接收者;而私钥是保密的,只有接收者自己才可以解密消息。假设用户 B 已经生成了自己的公/私密钥,希望其他人或计算机能发送加密信息给他。那么他就可以将公钥放到一个在线数据库中,并将其捆绑到自己的身份上,使人们很容易找到他的公钥。想要发送加密信息给用户 B 的人就要检索出他的公钥,并利用他的公钥将信息加密发给他。而用户 B 是唯一能够阅读该信息的人,因为只有他能用自己的私钥解密。当然,用户 B 必须妥善保管他的私钥,否则别人也能够解密他的信息。比如,用户 A 想要使用用户 B 的公钥将信息加密发送给用户 B,用户 A 就要从在线公钥数据库中找到用户 B 的公钥,而用户 B 可以使用自己唯一的私钥来进行解密。这种方法保证了信息的机密性,因为用户 A 知道只有用户 B 才可以解密并阅读这份信息。

公开密钥算法在计算上的复杂性,使得它的加密和解密效率大大低于对称密钥算法,公钥加密技术不用来加密大的文件。联合使用对称密钥加密技术和公开密钥加密技术进行加密保护会更为有效和快捷。例如,用户 A 生成一个一次性的对称密钥并用它对文件进行加密,然后使用用户 B 的公钥对一次性的对称密钥加密,将经过加密的对称密钥和文件发送给用户 B;用户 B 利用自己的私钥解密对称密钥,然后用对称密钥解密文件,这种方式被称为数字信封。

如果把公钥和私钥反过来使用,用私钥加密而用公钥解密,就是数字签名的基础,并据此进行身份认证,保证数据的完整性和不可否认性。例如,如果用户 B 想对一份电子文件进行数字签名,他可以用其私钥对其进行加密。因为他的公钥是公开的,所以任何知道他的公钥的人都可以解密文件,而私钥只有用户 B 自己有,这就构成了用户 B 数字签名的基础。如果用户 A 使用用户 B 的公钥成功解密了文件，他就知道这份信息来自用户 B，也就达到了用户 B 对自己的文件进行签名的目的。

数字签名有两个步骤。公钥加密技术不用来加密大的文件，必须采取措施减少加密的数据量。方法是采用单向哈希函数把将要发送的消息生成固定长度的数据段（这个数据段是不可读的，称为消息摘要或消息指纹，不同的消息生成的消息摘要也是不同的，任意长度的消息生成的消息摘要长度总是相同的），然后再使用用户 B 的私钥将消息摘要加密生成数字签名。用户 A 可以使用相同的哈希算法计算出文件的消息摘要，并使用用户 B 的公钥解密收到的消息摘要。

如果消息摘要相互匹配，用户 A 就可以有 3 种安全保证：第一，用户 B 真的在文件上签了名（身份认证）；第二，数字签名保证了用户 B 真的发送了信息（不可否认性）；第三，如果信息有了任何改动，消息摘要就会不匹配，用户 A 就可以知道没有人在用户 B 签名之后对文件进行任何改动（数据完整性）。

公开密钥加密技术的使用克服了对称密钥加密技术的局限性，与对称密钥加密技术联合使用可以完整地提供机密性、完整性、真实性和不可否认性的安全保证，并且很好地克服了密钥管理的复杂性。用公开密钥加密技术构成的密码系统的安全性依赖于私钥的保密，泄露私钥意味着加密所带来的安全性和签名所带来的不可否认性不复存在，私钥必须保密。

记者：有了上述密码技术的支撑，数字证书的安全性就得到保障了吗？

主任：可以这样理解。公钥密码技术让公钥公开、私钥保密，解决了密码系统中密钥分发的复杂性和安全性问题，使密码技术得以在保障计算机信息系统安全中广泛应用，并将安全问题最终归结为如何证明和保证公钥的真实性和有效性的问题。

在网上银行业务的实际应用中，还有两个问题必须要解决：一是如何确定一个用户的公钥确实属于这个用户，并保证用户与其公钥之间的联系真实有效；二是如何保证用户的私钥在被破坏、丢失时或者在有关机构需要取证时能够解密数据。

第一个问题的解决方法是建立一个大家都能信任的权威机构，由这个权威机构用自己的签名密钥对用户的名称、用户的公钥和其他一些识别信息进行数字签名，形成一个将用户与其公钥联系起来的电子信任状，这个电子信任状就称为数字证书，而这个权威机构被称为 CA（Certificate Authority）。由 CA 签发的数字证书储存在一个目录或其他数据库中，用户可以像查电话簿一样查找别人的证书，证书中 CA 的签名保证证书中的公钥确实属于持有该证书的人。可以说，将用户身份与其公钥联系起来的捆绑过程是一个非常关键的步骤。

第二个问题的解决方法是使用两套密钥分别用于加密和数字签名，签名密钥用于解决真实性和非否认性的问题，加密密钥用于解决数据机密性的问题。加密密钥的私钥就可以备份在安全的地方，以便需要时可以恢复。而备份加密私钥的地方称为密钥管理中心 KMC（Key Management Center），通常加密密钥由它产生，其公钥也由 CA 签发为数字证书。数字证书的安全性和可靠性都可以得到保证。

记者:在实际应用中,数字证书该如何管理和应用?

主任:用户的签名私钥自己产生并保存,其公钥由 CA 签发为签名证书。签名私钥不可以备份,以免破坏其不可否认性。如果用户丢失或损坏了自己的签名私钥,可以生成一套新的签名密钥,用新的签名私钥签名的文件必须用新的公钥验证,以前签名的文件则可以通过原来的公钥验证。

用户的加密私钥由 KMC 产生,其公钥由 CA 签发为加密证书。加密私钥通过安全的手段发给用户的同时也备份在 KMCOKMC 按照密钥的有效期管理密钥,密钥超过有效期,用户可以再申请一个新的密钥。在用户方,超过有效期的密钥不能再使用;在 KMC 方,超过有效期的密钥不能删除,只能将其归入历史密钥档案,用户或有关机构可以申请恢复这个密钥,用这个密钥来解密在有效期内加密过的文件。

CA 按照一整套安全和管理策略,管理数字证书的生成、签发、更新、撤销和中止。同时,CA 和 KMC 也组成了数字证书的认证系统。

在应用系统中,签名方使用自己的签名私钥对信息或证据签名,验证方使用该用户的签名证书来验证签名。证书与用户的身份绑定,验证证书可以验证用户的身份,从而实现完整性、真实性和不可否认性的安全保证。发送方使用接收方的加密证书来保护会话密钥,用会话密钥加密信息,接收方用自己的私钥解密会话密钥,再用会话密钥解密信息,从而实现机密性的保证。

在网上银行这样封闭的系统中,不具备第三方性质的认证系统,可以不按照第三方机构的要求来建设和管理。但是,无论怎样,将用户与其公钥联系起来的捆绑过程是任何公共密钥体系中的关键步骤。

记者:如果网上银行数字证书应用了上述这些技术,应该是很安全的。但是,近一段时间以来,出现了多起网上银行安全事件,对此您有什么样的看法?

主任:首先可以明确的是,公共密钥体系是安全的技术体系。密码技术是保证安全的核心技术,但却不是保证安全的全部内容,其他安全措施也要跟上。用户在网上银行等网上操作中,特别要防止私钥的泄露,这是最核心的安全要求。对于提供网上银行业务的金融机构而言,要严格按照密码规范建设和运行,任何环节都不能疏漏,这是对开发商和运营商的强制要求。用户在使用数字证书的过程中,应该选择有资质的电子认证服务商提供的服务,使用有资质的产品供应商的产品,保管好自己的证书载体和口令,尤其要做好计算机防木马病毒的工作,这是对用户的基本要求。

①通过记者的采访记录,你知道用什么办法可以在 Internet 上安全地分发对称加密密钥?这种技术称为什么?

②数字签名的技术基础是什么?请描述数字签名的执行过程,数字签名起到了哪些作用?

③数字证书起什么作用?它是由什么机构颁发的?数字证书与数字签名有什么关系?

④在“控制面板”中双击“Internet 选项”,然后选择“内容”标签,再点击“对话页面

中的证书”按钮,查看系统中已安装的证书,选择其中一个查看该证书的详细内容并记录下来。

【学路领航】

传统商务活动中涉及的合同、协议以及各种凭据通过责任人签字的方式来确认相关商务文件的有效性、完整性,通过营业执照、身份证等法定物件审验确认交易对象的身份。不论是纸质文件上的手写签名或印章,还是营业执照、身份证等物件都具有法律效力,可以保护交易各方的利益。而在电子商务环境下,所有商务文件都是数字化的文件,如何维护数字化商务文件的完整性、真实性和不可否认性,如何验证交易各方的身份都是至关重要的问题。数字签名和数字证书则是为解决这类问题而产生的密码应用技术。

1. 数字签名

数字签名是信息发送者通过签名算法产生的附加到要传输报文上的一段不可伪造的特殊报文,这段特殊报文就是数字签名。数字签名与手工签名一样具有法律效力,起到认证、核准和生效的作用。数字签名提供了验证信息来源真实性、完整性和发送方不可否认性的服务。

数字签名算法涉及非对称加密算法 RSA、对称加密算法 DES 和单向哈希算法 MD5 或 SHA-1。数字签名这段特殊报文实际上是发送方用自己私钥加密的消息摘要。消息摘要是用单向哈希函数用要发送的消息生成的,不论发送消息的长短是多少,生成的消息摘要的长度均是固定长度。MD5 生成的消息摘要长度为 128 位,SHA-1生成 160 位的消息摘要。单向哈希函数对不同的报文生成不同的消息摘要,相同的报文生成的摘要一定相同。由消息生成消息摘要容易实现,但通过消息摘要却不能反推出原始消息,这保证了不能伪造与原消息摘要完全相同的摘要。

消费者要发送有自己签名的订单给商家,消费者用与商家协商一致的单向哈希函数对订单报文计算得到订单的消息摘要,并用自己的私钥加密该消息摘要得到数字签名报文,然后把数字签名报文与原订单报文合并在一起传送给商家。商家收到附有消费者数字签名的订单报文后,用消费者的公钥解密数字签名还原消费者生成的消息摘要,再用与消费者所用相同的单向哈希函数对收到的订单报文计算出新的消息摘要,并与从数字签名解密出的消息摘要比较,如果两者相同,说明订单数据在传送的过程中没有被篡改,保持了信息的完整性。可以用消费者的公钥解密数字签名,这说明订单确实由消费者本人发出,验证了订单的真实性且消费者不可否认提交了该订单(见图 3-3)。

2. 数字证书

使用非对称加密技术实现的数字签名技术,可以保证电子商务交易活动的顺利开展,但首先必须保证密钥的真实性,并来自宣称的交易主体。如果用户的私/公钥对可以由用户自己生成,这样的私 /公钥对是不能区分用户身份的合法性和真实性的,用户也可以完全否认其拥有某个数字命名用的私钥。要实现安全电子商务,用户的私/公钥对必须是交易双方之外的权威、公正、可信的第三方机构生成,这个第三方机构被称为认证中心(Certificate Author,CA),它可以为交易各方的身份担保。

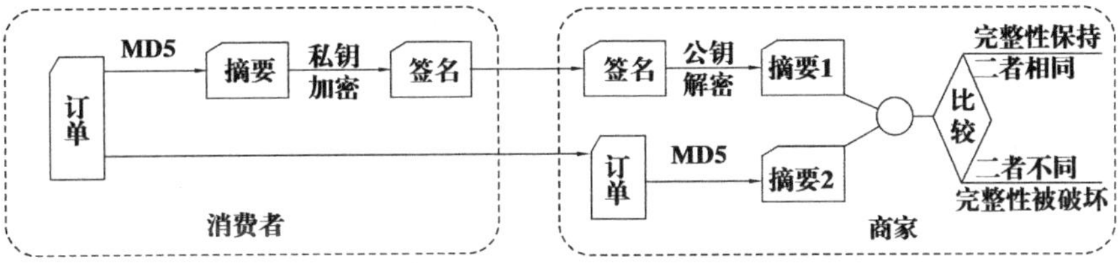

图 3-3　私钥加密与公钥加密

认证中心接受用户的申请,然后生成、发放和管理用户的数字证书。数字证书中包含有用户的公钥和标志其身份的相关信息并经认证中心数字签名,是用户在网络上开展各项活动的"身份证"。

(1)X.509 证书格式

X.509 是国际电信联盟提出的在 Internet 上广泛使用的证书标准,它规定了数字证书的结构和内容。X.509 证书格式如图 3-4 所示。

版本号
证书序列号
签名算法标志 (算法及参数)
颁发者名称
证书有效期 (起始和终止日期)
证书主体名称
公钥信息 (公钥及算法标志)
颁发者唯一标志符
主体唯一标志符
扩展域 (V3 版用)
CA 数字签名

图 3-4　X.509 证书格式

①版本号:该域定义了证书的版本号,不同版本证书包含的信息的类型和格式有所不同。

②证书序列号:是由认证中心分配给证书的唯一编号,用于区分同一个认证中心颁发的证书。当证书被撤销时,要将证书的序列号放入由 CA 签发的证书撤销列表 CRL 中。

③签名算法标志:指定认证中心签发证书时所使用的签名算法。

④颁发者名称:颁发该证书的机构名称。

⑤证书有效期:有起始日期和截止日期标志的证书有效期。

⑥证书主体名称:该证书所有者的名称。

⑦公钥信息:主体的公开密钥以及该密钥用于何种密码算法的算法标志符。

⑧颁发者唯一标志符:可选项,当颁发者名称重名时,唯一标志认证中心。

⑨主体唯一标志符:可选项,当主体名称相同时,唯一标志证书的所有者。

⑩扩展域:X.509v3 才有的域,用于携带主体的特定信息。

⑪CA 数字签名:颁发证书的认证中心对证书的数字签名。

(2)认证中心 CA

认证中心是公钥基础设施(Public Key Infrastructure,PKI)的核心组件。PKI 是以非对称加密理论和技术为基础,为 Internet 应用提供数据加密和数字签名等安全服务的基础设施。PKI 采用数字证书管理公钥,通过认证中心把用户的公钥和用户的身份标志信息绑定在一起,解决了网络中通信主体之间彼此身份验证的问题。

PKI 系统由权威认证中心 CA、注册机构(Registry Authority,RA)、数字证书库、密钥备份及恢复系统、证书撤销系统等组件构成。其中,CA 是 PKI 的核心组件,负责签发、查询、更新、备份、撤销和归档证书等工作;RA 是 CA 的注册机构,它负责证书申请者的信息审核、录入以及证书分发等工作;证书库保存用户数字证书的副本,并通过目录服务向证书使用者提供查询服务;密钥备份及恢复系统为用户提供私钥备份和恢复机制,以帮助用户解密合法的数据;证书撤销系统把作废或失效的证书发布到证书撤销列表(Certificate Revocation List,CRL),CRL 中列出的证书不可再用于加密数据和验证签名。

一个完善的 CA 认证系统由若干 CA 中心构成,形成树型层次结构,最顶层称为根 CA,下联为子 CA,子 CA 可联下一级 CA,子 CA 的证书由其父 CA 颁发,根 CA 的证书由自己颁发。终端用户的证书由 CA 树的最后一级 CA 颁发,如图 3-5 所示。

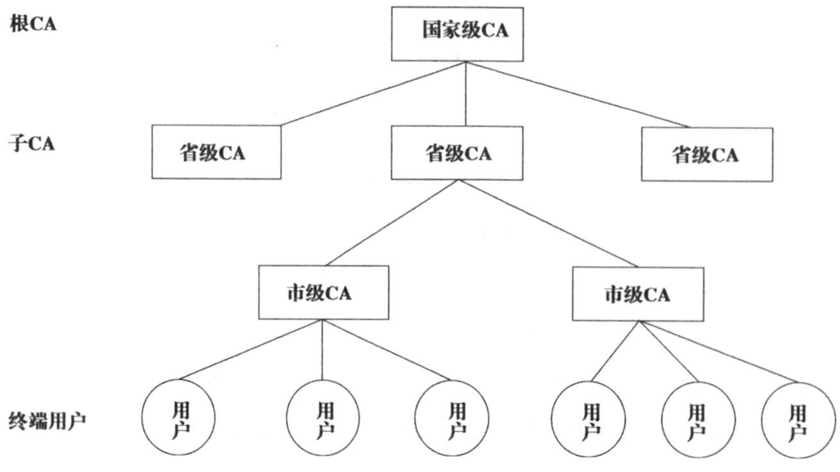

图 3-5　CA 认证系统的结构

【眼下留神】

• 在非对称加密技术中，密钥分发最大的问题是保证公钥的完整性和所有权认证。公钥基础设施 PKI 使用数字证书来分发公钥，能保证公钥的完整性，同时也对公钥的所有权进行了权威认证。

• PKI 是电子商务安全技术的事实标准，认证中心则是 PKI 的核心组件，它对主体的公钥进行公证，其签名用来保证此公钥的确属于用户信息中所指定的用户。认证中心是电子商务重要的基础设施。

• 非对称加密系统中的密钥对可以是用户自己生成或向认证中心申请产生，无论是哪种方式，都由用户负责保管私钥，公钥和用户合法身份证明提交认证中心审核通过后颁发数字证书。

• 数字证书也称为公钥证书，由权威、公正、可信的认证中心签发，把用户的身份标志信息与用户持有的私钥对应的公钥绑定在一起，作为用户参与网络活动的身份证。

• 数字证书不仅可以颁发给个人，还可以颁发给企业和软件。企业证书主要用于对企业网站服务器的认证，软件证书用于保证软件来源的可信性，如安装驱动程序到 Windows 系统时，系统推荐安装经微软数字签名的驱动程序以保证系统的稳定性和可靠性。

• 以数字证书为核心的加密技术可以对网络上传输的信息进行加密和解密，数字签名和签名验证，确保网上传递信息的机密性、完整性，以及交易实体身份的真实性，签名信息的不可否认性，从而保障网络应用的安全性。

• 要使用数字证书必须在计算机系统中安装 CA 的数字证书。

• 2005 年 4 月 1 日实施的《中华人民共和国电子签名法》《电子认证服务管理办法》规定数字签名与书面文件签名具有同等的法律效力。

• 长期使用同一个密钥有被破译的危险，为了保证安全，CA 认证中心按照相关的安全策略确定数字证书的有效期，证书到期后由认证中心撤销并通过 CRL 发布。当用户私钥泄密或身份变更时需要撤销原来的证书，然后重新颁发新证书。

三、考察安全交易协议

安全套接层协议 SSL 是网景公司（Netscape）提出的基于公钥密码机制的网络安全协议，用于在客户端浏览器软件与 Web 服务器之间建立一条安全通道，实现 Intcr net 上信息传送的保密性。它包括服务器认证、客户认证（可选）、SSL 链路上的数据完整性和 SSL 链路上的数据保密性。SSL 作为目前保护 Web 安全和基于 HTTP 的电子商务交易安全事实上的标准，被许多世界知名厂商的 Intranet 和 Internet 网络产品所支持，其中包括 Netscape、Microsoft、OpenMarket 等公司提供的支持 SSL 的客户机和服务器产品，如 IE 和 Netscape 浏览器，IIS、Domino Go Web Server、Netscape Ente 即 rise

Server 和 Appache 等 Web Server 等。

SSL 提供的面向连接的安全性作用具有以下 3 个基本功能：

①连接是秘密的。SSL 客户机和服务器之间通过密码算法和密钥的协商，建立起一个安全通道。以后在安全通道中传输的所有信息都经过了加密处理，网络中的非法窃听者所获取的信息都将是无意义的密文信息。

②连接是可认证的。利用证书技术和可信的第三方 CA，可以让客户机和服务器相互识别对方的身份。为了验证证书持有者是其合法用户（而不是冒名用户），SSL 要求证书持有者相互交换数字证书，通过验证来保证对方身份的合法性。

③连接是可靠的。消息传输包括通过对传输信息用安全 Hash 函数产生的带密钥 MAC（Message Authentication Code，报文鉴别码）来保证信息的完整性，确保要传输的信息全部到达目的地，可以避免服务器和客户机之间的信息内容受到破坏。

SSL 的通信过程如下：

①客户端的浏览器向服务器传送客户端 SSL 协议的版本号、加密算法的种类、产生的随机数，以及其他服务器和客户端之间通信所需要的各种信息。

②服务器向客户端传送 SSL 协议的版本号、加密算法的种类、随机数以及其他相关信息，同时服务器还将向客户端传送自己的证书。

③客户利用服务器传过来的信息验证服务器的合法性。服务器的合法性包括：证书是否过期，发行服务器证书的 CA 是否可靠，发行者证书的公钥能否正确解开服务器证书的“发行者的数字签名”，服务器证书上的域名是否和服务器的实际域名相匹配。如果合法性验证没有通过，通信将断开；如果合法性验证通过，将继续进行第④步。

④用户端随机产生一个用于后面通信的“对称密码”，然后用服务器的公钥（服务器的公钥从步骤②中的服务器的证书中获得）对其加密，然后将加密后的“预主密码”传给服务器。

⑤如果服务器要求客户进行身份认证（在握手过程中为可选），用户可以建立一个随机数然后对其进行数据签名，将这个含有签名的随机数和客户自己的证书以及加密过的“预主密码”一起传给服务器。

⑥如果服务器要求客户进行身份认证，服务器必须检验客户证书和签名随机数的合法性，具体的合法性验证过程包括：客户的证书使用日期是否有效，为客户提供证书的 CA 是否可靠，发行 CA 的公钥能否正确解开客户证书的发行 CA 的数字签名，检查客户的证书是否在证书废止列表（CRL）中。检验如果没有通过，通信立刻中断；如果验证通过，服务器将用自己的私钥解开加密的“预主密码”，然后执行一系列步骤来产生主通信密码（客户端也将通过同样的方法产生相同的主通信密码）。

⑦服务器和客户端用相同的主密码即“通话密码”，一个对称密钥用于 SSL 协议的安全数据通信的加解密通信。同时在 SSL 通信过程中还要完成数据通信的完整性，防止数据通信中的任何变化。

⑧客户端向服务器端发出信息，指明后面的数据通信将使用步骤⑦中的主密码为对称密钥，同时通知服务器、客户端的握手过程结束。

⑨服务器向客户端发出信息，指明后面的数据通信将使用步骤⑦中的主密码为对称密钥，同时通知客户端、服务器端的握手过程结束。

⑩SSL 的握手部分结束，SSL 安全通道的数据通信开始，客户和服务器开始使用相同的对称密钥进行数据通信，同时进行通信完整性的检验。

SSL 协议运行的基点是商家对客户信息保密的承诺，SSL 协议有利于商家而不利于客户。客户的信息首先传到商家，商家阅读后再传至银行，这样，客户资料的安全性便受到威胁。商家认证客户是必要的，但在整个过程中，缺少客户对商家的认证。在电子商务的开始阶段，由于参与电子商务的公司大都是一些大公司，信誉较高，这个问题没有引起人们的重视。随着电子商务参与的厂商迅速增加，对厂商的认证问题越来越突出，SSL 协议的缺点完全暴露出来。

为了克服 SSL 安全协议的缺点，满足电子交易持续不断增加的安全要求，VISA 国际组织及其他公司如 Master Card、MicroSoft，IEM 等共同制订了安全电子交易协议（Secure Electronic Transactions，SET）。这是一个为在线交易而设立的开放的、以信用卡为基础的电子付款系统规范。SET 在保留对客户信用卡认证的前提下，又增加了对商家身份的认证，这对于需要支付货币的交易来讲是至关重要的。由于设计合理，SET 协议得到了许多大公司和消费者的支持，已成为全球网络的工业标准，其交易形态将成为未来“电子商务”的规范。

安全电子交易规范是由信用卡发卡公司参与制订的，一般认为，安全电子交易规范的认证系统是有效的。当一位供货商通过计算机收到一张有 SET 签证的订单时，供货商就可以确认该订单背后是有一张合法的信用卡支持，这时供货商可以放心地接下这笔生意。同样，有 SET 作保障，发出订单的客户也会确认自己是在与一个诚实的供货商做买卖，该供货商受到 VISA 或 Master 信用卡发卡组织的信赖。

SET 协议要达到的目标主要有以下 5 个：

①保证电子商务参与者信息的相互隔离。客户的资料加密或打包后通过商家到达银行，但是商家不能看到客户的账户和密码信息。

②保证信息在 Internet 上安全传输，防止数据被黑客或被内部人员窃取。

③解决多方认证问题，不仅要对消费者的信用卡认证，还要对在线商店的信誉程度认证，同时还有消费者、在线商店与银行之间的认证。

④保证网上交易的实时性，使所有的支付过程都是在线的。

⑤规范协议和消息格式，促使不同厂家开发的软件具有兼容性和互操作功能，并且可以运行在不同的硬件和操作系统平台上。

SET 协议的工作过程如下：

①消费者利用计算机通过因特网选定商品，并下电子订单。

②通过电子商务服务器与网上商场联系，网上商场作应答，告诉消费者订单的相

关情况。

③消费者选择付款方式,确认订单,签发付款指令(此时 SET 介入)。

④在 SET 中,消费者必须对订单和付款指令进行数字签名,同时利用双重签名技术保证商家看不到消费者的账号信息。

⑤在线商店接受订单后,向消费者所在银行请求支付认可,信息通过支付网关到收单银行,再到电子货币发行公司确认,批准交易后,返回确认信息给在线商店。

⑥在线商店发送订单确认信息给消费者,消费者端软件可记录交易日志,以备将来查询。

⑦在线商店发送货物或提供服务,并通知收单银行将钱从消费者的账号转移到商店账号,或通知发卡银行请求支付。

SET 协议同样存在一些问题,这些问题包括:

①协议没有说明收单银行给在线商店付款前,是否必须收到消费者的货物接收证书。如果在线商店提供的货物不符合质量标准,消费者提出异议,责任由谁承担。

②协议没有担保“非拒绝行为”,这意味着在线商店没有办法证明订购是由签署证书的、讲信用的消费者发出的。

③SET 技术规范没有提及在事务处理完成后,如何安全地保存或销毁此类数据,是否应当将数据保存在消费者、在线商店或收单银行的计算机里。这种漏洞可能使这些数据以后受到潜在的攻击。

【学路领航】

在 Internet 上开展电子商务活动,人们最关心的是商务信息的准确性和安全性,各种网络协议解决信息准确性问题,而交易安全协议则用来保障信息的安全性。

1. 安全套接层协议

安全套接层协议(Security Socket Layer,SSL)是网景公司采用公钥密码技术开发设计的通信安全协议。它旨在 Internet 环境下为交易双方提供 Web 服务器与客户机之间安全、可靠的通信,以避免交易信息在通信的过程中被拦截、窃取、伪造及破坏。

SSL 采用对称密码技术和非对称密码技术相结合的手段,提供了保密、完整性和验证 3 种基本的安全服务。连接是受加密保护的,通信双方在 SSL 连接建立开始时协商通信用的对称加密密钥和加密算法,在以后协商的加密密钥和算法中对传输信息将进行加密保护;SSL 连接传输的每段信息都附加一个私钥加密的报文验证码,防止消息在传输过程中被篡改或部分删除,以保证消息的完整性;SSL 使用数字证书技术让客户机和服务器互相识别对方的身份,在建立 SSL 连接时要求双方通过交换数字证书来验证和保护对方身份的合法性。

使用 SSL 仍然有安全威胁,虽然 SSL 已经定义了完整的服务器端验证程序,这是建立在认证中心所发放的“服务器端证书”的信任之上的。但由于 CA 认证还不够严谨规范,客户很容易信任或者无从识别该网站上的服务器证书是否有效,这样就会丧失原来 SSL 服务器端认证的安全机制。SSL 只保障传输过程的安全性,但是交易数据进入商家的计算机系统后,是否受到保护不得而知,一旦发生黑客入侵、商家非法使用或系统管理者的误操作等情况都会导致严重后果。不法分子还可以用伪造商家网站并申请合法证书来骗取客户的银行卡等账户信息,给客户造成损失。

2. 安全电子交易协议

安全电子交易协议(Secure Electronic Transaction,SET)主要有信用卡厂商 MasterCard 和 Visa 以及其他主流厂商为了解决信用卡持卡人、商家和银行之间通过信用卡来进行网上支付的交易而设计的,它使用多种密码技术对交易数据及支付信息进行加密,确保信息的保密性,使用数字证书来验证交易各方的身份,从而保护交易的安全。

SET 是协议基于权威的第三方认证中心的安全电子交易协议,其目的是要实现 Internet 下安全电子交易环境,保证各种交易信息在 Internet 上的安全传输,不被黑客或内部人员窃取;实现订单信息和个人账号信息的分离(即商家只能看到订货信息,银行只能看到银行账号信息);实现持卡人和商家的身份认证。

SET 采用的主要技术有对称加密技术、非对称加密技术、消息摘要、数字签名、数字证书、数字信封、双重签名等。

数字信封用于保密传输加密消息用的 DES 对称加密钥,发送方用随机生成的 DES 对称加密钥加密交易信息,并用接收方的公钥加密该 DES 对称加密钥形成消息的数字信封,然后与加密的信息传给接收方,接收方用自己掌握的私钥解密数字信封得到 DES 密钥,再将加密的信息解密还原成信息的明文。使用数字信封,SET 协议充分利用了 DES 效率高、速度快和 RSA 安全性高且密钥管理简便的优点,保证了数据传输的机密性。

在安全电子交易过程中,持卡人、商家和银行三者之间,持卡人的订单信息和付款指示是互相对应的,商家在确认了持卡人的订单信息对应的付款指示是真实有效的情况下,才可能按订单信息发货;而银行在确认了持卡人的付款指示对应的订单信息是真实有效的情况下,才能按商家要求进行支付。订单信息和付款指示必须捆绑在一起发送给商家和银行。为预防商家在验证持卡人付款指示时盗用持卡人的银行卡账号信息,以及银行在验证持卡人订单信息时跟踪持卡人的交易活动,需要把持卡人的银行卡账号信息对商家隐蔽,把订单信息对银行隐蔽。双重签名机制实现了订单信息和相应支付信息的分离。一个双重签名是通过计算订单信息和支付指示两个报文的消息摘要,并将这两个摘要连接在一起,再次对连接后的摘要报文计算出消息摘要,最后用持卡人的私钥对该消息摘要加密产生的。持卡人把订单信息、付款摘要和双重签名发给商家验证,把付款指示、订单摘要和双重签名发给银行验证。双重签名生成过程和商家、银行的验证过程如图 3-6 所示。

通过双重签名机制把订单信息和付款指示关联在一起,商家能看到订单信息和付款指示的摘要,但不能看到付款指示信息本身。银行能看到付款指示信息和订单摘要,但不能看到订单信息本身,无法跟踪持卡人的交易行为。

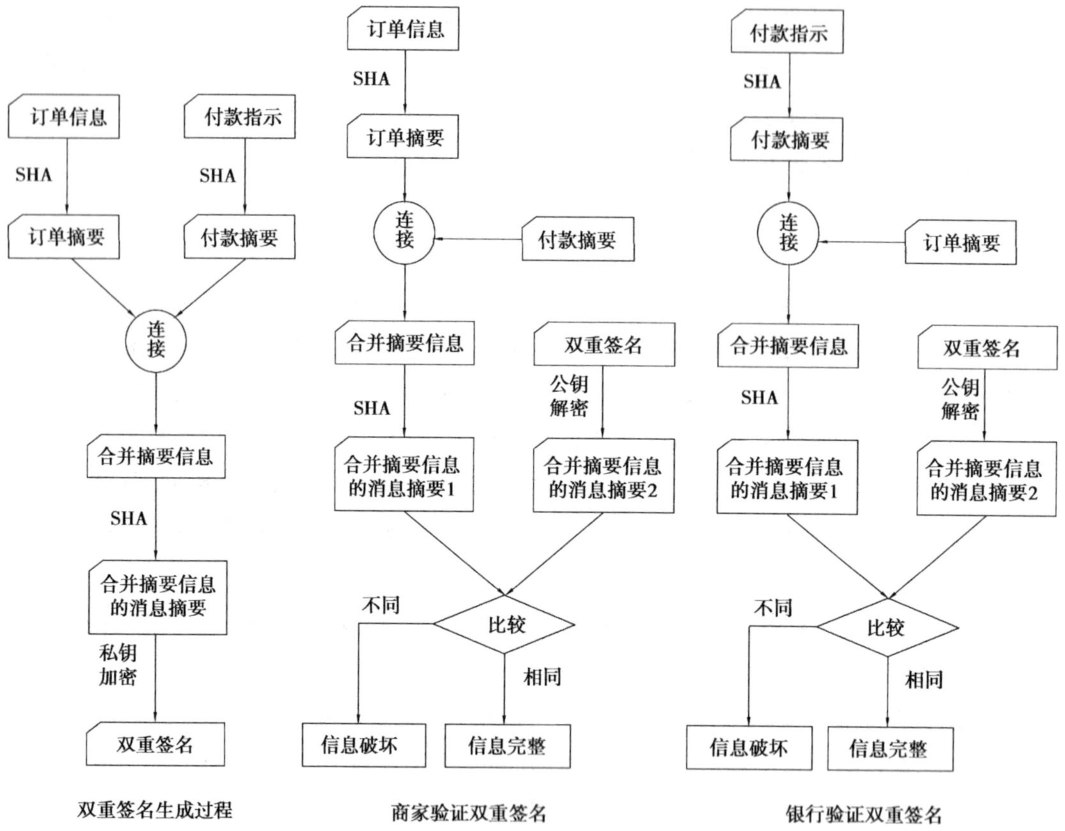

图 3-6 双重签名生成过程和商家、银行的验证过程

在 SET 系统中,完成一次安全电子交易需要持卡人、发卡银行、商家、收单银行、支付网关及认证中心六方的参与和协作,持卡人必须在发卡银行申请银行卡和数字证书,同时把证书与银行卡关联,然后在购物用的计算机上安装符合 SET 协议标准的电子钱包软件。SET 安全交易流程如图 3-7 所示。

SET 安全交易流程说明如下:

(1)持卡人向商家发出初始支付请求

持卡人在商家的网站上浏览并选购商品,填写订单,选择 SET 付款协议,单击付款链接激发支付软件向商家发出请求,请求信息包含持卡人标志号 ID,使用银行卡种类和数字证书等,以便商家选择合适的支付网关,请求的目的是取得商家和支付网关的数字证书。

(2)商家向持卡人响应初始支付应答

商家收到用户的初始请求后,生成包括交易标志、商家标志和支付网关标志、购买项目和价钱等初始应答信息,并对应答信息进行数字签名。然后把商家证书、支付网关证书、初始应答、初始应答报文摘要的数字签名等发送给持卡人。

(3)持卡人向商家发送订单信息和支付指令

持卡人接受初始支付应答后,验证商家和支付网关证书的有效性,初始应答信息的完整性并核对商家传送过来的购买项目和价钱正确无误后,向商家发出购物请求,购物请求信息包括加密的订单信息及消息摘要，加密的付款指令及消息摘要、数字信封、订单信息和付款指令的双重签名和持卡人证书。

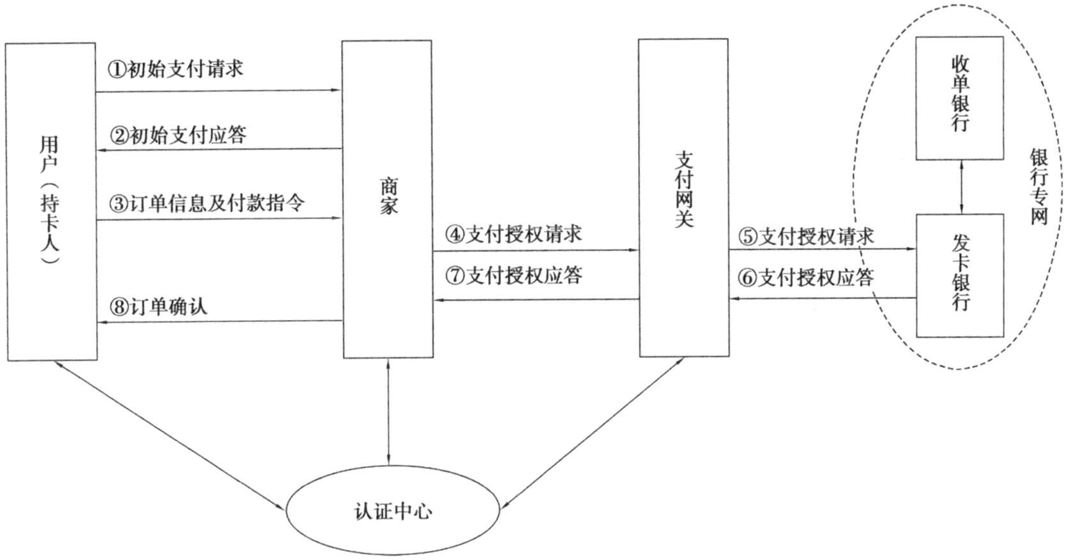

图 3-7 SET 安全交易流程

(4) 商家生成支付授权信息的数字信封

商家接受持卡人的购物请求，验证持卡人的数字证书，解密订单信息，比较双重签名，确认数据的完整性。验证通过后产生支付授权请求并签名，并用随机产生的对称密钥加密支付授权信息，生成支付授权信息的数字信封。然后把商家证书、支付请求密文、商家数字签名、数字信封及持卡人通过商家转发的双重签名订单摘要、付款指令密文、持卡人数字信封、持卡人证书等发给支付网关。

(5) 支付网关向发卡银行发出支付授权请求

支付网关验证商家证书、持卡人证书、商家发来信息的完整性、订单与付款指令的双重签名、交易标志等，确认无误后通过银行专用网向持卡人的发卡银行发送支付授权请求。

(6) 发卡银行向支付网关响应支付授权应答

发卡银行收到支付授权请求后，检查持卡人的信用卡的有效性。若有效则批准交易，向支付网关发送支付授权应答。

(7) 支付网关向商家发送支付授权应答

支付网关把发卡银行的响应信息、支付网关的证书、数字签名、数字信封作为支付授权应答信息发给商家。

(8) 商家向持卡人发送购物应答

商家验证支付网关证书，解密支付授权应答信息，验证支付网关的数字签名无误后生成购物应答并签名，然后把商家证书、购物应答信息及数字签名发给持卡人。

(9)持卡人接收并处理购物应答

持卡人收到购物应答后,验证商家证书和购物应答的完整性,SET 交易软件记录交易日志备查。等待商家发货。

(10)商家发送货物完成支付结算

商家由物流公司发送货物或提供服务,在适当的时候通知收单银行将钱从持卡人的账号转移到商家账号,或通知发卡银行请求支付完成清算。

【眼下留神】

- SSL 协议提供网络上两台机器之间的安全连接,大部分 Web 浏览器和服务器都支持 SSL,它已经成为 Internet 上保密通信的工业标准,被许多世界知名厂商的网络产品所支持。现在的浏览器通常将 Http 和 SSL 结合起来实现安全通信。
- 当前电子商务应用中,SSL 市场占有率远超 SET,这缘于 SSL 容易实现且成本低。但 SET 的低风险性以及得到的各信用卡组织的支持,SET 将在基于信用卡支付的交易中占据主导地位。
- 在 SET 安全交易过程中,持卡人只与商家打交道,付款指示要由持卡人使用支付网关的公钥加密或数字信封方式加密后发送给商家,再由商家转发给支付网关。
- 在完成一个 SET 交易的过程中,需验证证书 9 次,验证签名 6 次,传递证书 7 次,进行签名 5 次,对称加密 4 次,非对称加密 4 次。可见,SET 的处理过程复杂、成本高,且只能用于卡支付,SET 的使用有限。

【日积月累】

- 信息系统可能受到的安全威胁包括窃听、重传、伪造、篡改、行为否认、拒绝服务、非授权访问和计算机病毒等。
- 明文是信息的可识读形式,密文是对明文加密变换后生成的不可识读形式。加/解密算法是加密明文/解密密文的方法与规则。密钥是加/解密所用的一串符号,在加密/解密时作为参数提供给加密/解密算法。
- 对称加密系统 DES,加/解密使用同一个密钥,密钥必须保密存储和分发。
- 非对称加密系统 RSA 使用一对密钥,加密密钥公开称为公钥,解密密钥由持有人保密管理称为私钥。
- 对称加密技术中 DES、3DES 和 AES 的密钥长度分别是 64 位、128/192 位和 128/192/256 位。RSA 的密钥长度有 1 024 位和 2 048 位两种。
- 消息摘要是指用单向哈希函数对报文生成的一段固定长度的密文信息。常用的哈希算法有 MD5 和 SHA-1 两种,生成的消息摘要长度分别为 128 位和 160 位。相同的报文生成相同的摘要,不同的报文生成不同的摘要。
- 数字签名是用户用持有的私钥对消息摘要加密的结果,与数字证书配合用于确认消息发送者的身份。

• 数字证书用于在网络上分发公钥，CA 中心把与用户私钥相对应的公钥与用户的身份标志信息绑定，然后用 CA 中心的私钥签发，是用户在网络上的身份证。

• SSL 称为安全套接层协议，用于加密 Internet 上两台计算机之间的数据传输通道，提供数据的保密传输。SSL 内建于 Web 浏览器和服务器中，实现容易、成本低，应用广泛。

• SET 是安全电子交易协议，它基于权威的第三方认证中心，使用对称加密技术、非对称加密技术、消息摘要、数字签名、数字证书、数字信封、双重签名等实现了 Internet 上基于银行卡支付的安全电子交易。

项目四

网上支付

【学习要点】

网上支付是电子支付的一种形式，它是通过第三方提供的与银行之间的支付接口进行的即时支付方式。这种方式的好处在于可以直接把资金从用户的银行卡中转账到网站账户中，汇款马上到账，不需要人工确认。客户和商家之间可采用信用卡、电子钱包、电子支票和电子现金等多种电子支付方式进行网上支付，采用在网上电子支付的方式节省了交易的开销。

学习完本项目后，你将能够：

- 说出常用的网上支付工具类型。
- 描述常用电子支付的方式。
- 使用支付工具完成网上支付。
- 用网上银行开展支付业务。

任务一　电子支付系统

电子支付是指电子交易的当事人，包括消费者、厂商和金融机构，使用安全电子支付手段，通过网络进行的货币支付或资金流转。电子支付是电子商务系统的重要组成部分。本任务要求你：

①了解电子支付系统的构成。

②知道电子支付系统的支付流程。

③了解电子支付系统的发展历程。

一、认识电子支付系统

电子支付系统是采用数字化、电子化形式进行电子货币数据交换和结算的网络银行业务系统。

浙江支付宝网络技术有限公司，原支付宝（中国）网络技术有限公司，是国内独立的第三方支付平台，是由阿里巴巴集团前 CEO 马云先生在 2004 年 12 月创立的第三方支付平台，是阿里巴巴集团的关联公司。支付宝致力于为中国电子商务提供“简单、安全、快速”的在线支付解决方案。目前，支付宝实名用户超过 3 亿，在电商支付、移动支付、航空支付等多个领域占有优势。

支付宝刚创立时的目标客户是淘宝网用户，致力于为他们提供一种安全、便捷的支付方式。随着支付宝的影响力不断增加,支付宝开始为阿里巴巴中国网站用户以及其他非阿里巴巴旗下网站提供支付平台。现在支付宝已有上亿用户,是我国最大的第三方网上支付平台。

支付宝建立支付宝公共事业缴费平台,利用 Internet 进行公共事业一站式缴费服务,通过银行与缴费单位建立连接,支持多地区和多种类的缴费项目,用户可以通过计算机、手机轻松完成包括水费、电费、煤气费、固话通信费等公共事业费用的缴费,减少了通过银行或者相关公共事业单位的营业厅完成缴费过程的烦琐和困扰。目前,支付宝还支持用户享用大学校园一卡通充值、教育缴费、交通罚款代办、加油卡充值、物业缴费、有线电视缴费、医院挂号等各项生活便利性支付服务。

①你认为支付宝的诞生为淘宝网的发展带来了怎样的影响?

②你认为支付宝取得巨大成功的因素有哪些?

③你了解支付宝还有哪些功能?

【学路领航】

1. 电子支付系统的发展历程

①银行内部电子管理系统与其他金融机构的电子系统连接起来,如利用计算机处理银行之间的货币汇划、结算等业务。

②银行计算机与其他机构的计算机之间进行资金汇划,如代发工资等。

③通过网络终端向客户提供各项自助银行服务,如 ATM 系统。

④利用网络技术为普通大众在商户消费时提供自动扣款服务,如 POS 系统。

⑤网上支付方式出现,电子货币可以随时通过 Internet 直接转账、结算等。

2. 电子支付系统的构成

基于 Internet 的电子交易支付系统由客户、商家、认证中心、支付网关、银行及支付工具与支付协议等部分组成。

(1)客户

客户一般是指利用电子交易手段与企业或商家进行电子交易活动的单位或个人。他们通过电子交易平台与商家交流信息,签订交易合同,用自己拥有的网络支付工具进行支付。

(2)商家

商家是指向客户提供商品或服务的单位或个人。在电子支付系统中,他必须能根据客户发出的支付指令向金融机构请求结算,这一过程一般是由商家设置的一台专门的服务器来处理的。

(3)认证中心

认证中心是交易各方都信任的公正的第三方中介机构,它主要负责为参与电子交易活动的各方发放和维护数字证书,以确认各方的真实身份,保证电子交易整个过程安全稳定进行。

(4)支付网关

支付网关是完成银行网络和 Internet 之间的通信、协议转换和进行数据加/解密,保护银行内部网络安全的一组服务器。它是 Internet 公用网络平台和银行内部的金融专用网络平台之间的安全接口,电子支付的信息必须通过支付网关进行处理后才能进入银行内部的支付结算系统。

(5)银行

银行包括客户开户行、商家开户行和银行专用网。

(6)支付工具与支付协议

银行卡、电子现金、电子支票、SSL、SET 等。

【眼下留神】

- 任何交易,都包含一个最基本的环节,就是资金的转移。
- 网上支付是电子支付的一种形式,是以 Internet 为基础,利用银行所支持的某种数字金融工具,发生在购买者和销售者之间的货币支付,实现从消费者到银行、再从银行到商家之间的在线支付、现金流转、资金清算、查询统计等过程,由此为电子商务服务和其他服务提供金融支持。
- 电子支付系统是融购物流程、支付工具、安全技术、认证体系以及现在的金融体系为一体的综合大系统。
- 网络支付系统应有安全电子交易协议或安全套接层协议等安全控制协议,这些涉及安全的协议构成了网上交易的可靠环境。

【日积月累】

- 电子支付指的是交易双方通过电子终端,直接或间接地向金融机构发出支付指令实现货币支付与资金转移的一种支付方式,它是以电子方式处理交易支付的各种支付方式的总称。
- 电子支付按照支付指令发起方式分为网上支付、电话支付、移动支付、销售点终端交易 POS、自动柜员机交易 ATM 和其他电子支付。
- 电子支付有广义和狭义之分,广义的电子支付又称网络支付,是指支付系统中所包括的所有以电子方式,或者说是以无纸化方式进行的资金的划拨与结算;狭义的电子支付也称为网上支付。随着信息技术和电子商务的深入发展,网上支付正成为电子支付发展的新方向和主流。
- 电子支付发展的力量来源于技术成本的降低、经营成本和处理成本的降低以及在线商务的增加。

二、电子支付

电子支付是指电子交易的当事人,包括消费者、厂商和金融机构,使用安全的电子手段通过网络进行的货币支付或资金流转。

近几年来，网络团购已经快速发展成为流行的新消费方式。在“省钱才是硬道理，团结起来更便宜”的理念下，快节奏、高压力的消费者选择了团购这种消费渠道。目前，消费者购买家具、建材、家电、婚庆、汽车等大宗消费品的时候，首先会考虑参加团购。据了解，目前国内团购网站已多达400家。

小丫某天想去吃火锅，朋友告诉她可以在网上团购，价格便宜很多。小丫打开了拉手网，发现里面有很多经济实惠的店铺。经过一番比较，她选定了一家，可是这家店铺只支持在线付款，小丫傻眼了，她不会电子支付……

①你可以帮帮小丫吗？怎样进行支付？

②请你通过Internet、图书馆等途径查询与网上支付相关的资料，谈一谈传统支付和网上支付的流程有何不一样。

③请你根据阅读材料，查询与网上支付相关的资料，谈一谈网上支付相对于传统支付的优势有哪些。

【学路领航】

电子支付的业务类型按电子支付指令发起方式分为网上支付、电话支付、移动支付、销售点终端交易、自动柜员机交易和其他电子支付，下面主要介绍其中3种。

(1)网上支付

网上支付是电子支付的一种形式。广义地讲，网上支付是以Internet为基础，利用银行所支持的某种数字金融工具，发生在购买者和销售者之间的金融交换，从而实现从买者到金融机构、商家之间的在线货币支付、现金流转、资金清算、查询统计等过程，由此为电子商务服务和其他服务提供金融支持。

(2)电话支付

电话支付是电子支付的一种线下实现形式，是指消费者使用电话(固定电话、手机)或其他类似电话的终端设备，通过银行系统就能从个人银行账户里直接完成付款的方式。

(3)移动支付

移动支付是指使用移动设备通过无线方式完成支付行为的一种新型的支付方式。移动支付所使用的移动终端可以是手机、PDA、移动PC等。

网上支付从客户发起购买请求到客户收到商品、商家收到货款，完成整个交易过程，需要经过以下的支付流程：

①用户浏览电子商务网站，选择中意的商品，向商家提出购买请求。

②商家将经用户核对后的订单进行数字签名，提交到支付系统。

③支付网关调用支付界面，要求用户填写账户信息。

④用户用支付系统的支付网关的公开密钥对账户信息进行加密，传递给支付系统的支付网关。

⑤支付系统支付网关核对用户提供的账户信息进行数据转换，通过金融专网或者专线发给金融机构，要求核对用户账户信息。

⑥金融机构将核对的结果和用户用于支付确认的信息传递给支付系统。

⑦支付系统将金融机构传送来的用户支付确认信息传递给支付确认系统,要求进行支付确认。

⑧支付确认系统接收到要求确认的信息后,进行支付确认预处理,然后才按事先选择好的确认方式通知用户(实时确认、分时确认)进行确认。

⑨用户根据选择的确认方式,进行相应的确认资料的填写,填写好后提交给支付确认系统。

⑩支付确认系统比较金融机构和用户提交的支付确认信息,如果一致则进行下一步的确认,否则返回错误,最后支付确认系统将确认结果返回给支付系统支付网关。

⑪确认成功,以 E-mail 的方式告知用户他的支付请求被认可,资金已经从他的账户上划出,否则以 E-mail 的方式告知用户,他的支付请求不被认可。

⑫确认成功,数字签名金融机构的返回结果发送给商家,并通知商家发货,否则通知商家交易失败。

⑬确认成功,要求金融机构划款。

⑭金融机构返回数字签名的划款信息,完成交易。

【眼下留神】

• 登录支付平台网站是收集获取在线支付服务提供者最直接、最快捷的途径,但应从第三方(大型电子商务网站)收集有关的印证信息,或用 E-mail 甚至用传统信函向在线支付服务提供者以及它的管理机构咨询并索取相关资料。

• 不论你使用哪个网上支付服务,一定要准确填写注册申请中的各项资料,并记录和保管好相关的密码和密码提示问题,这是能进行合法有效交易的基础。

• 一定仔细研读支付平台的服务协议,如有疑问一定要咨询并弄清楚,按照相关的要求使用服务。

【日积月累】

• 常用网上支付平台见表 4-1。

表 4-1　常用网上支付平台

UnionPay 银联 在线支付 Online Payment	银联在线支付	快捷付	快捷支付
UnionPay 银联	银联支付	快钱 99Bill.com	快钱支付
财付通	财付通支付	支付宝	支付宝支付
	微信支付	首信易支付 PayEase	国外信用卡支付
翼支付 BestPay	翼支付		

• 其他电子支付手段有：电子购物卡、城市一卡通、手机支付、互联网支付、各类积分支付。

任务二 使用网上银行

网上银行(Internet bank or E-bank)包含两个层次的含义：一是机构概念，指通过信息网络开办业务的银行；二是业务概念，指银行通过信息网络提供的金融服务，包括传统银行业务和因信息技术应用带来的新兴业务。在日常生活和工作中，人们提及网上银行更多的是指第二层次的概念，即网上银行服务的概念。网上银行业务不仅仅是传统银行产品简单从网上的转移，其服务方式和内涵发生了一定的变化，而且由于信息技术的应用，又产生了全新的业务品种。

本任务要求你：

①了解网上银行的概念。

②完成网上银行的申请及相关业务功能的操作。

③安全使用网上银行并完成网上支付。

一、认识网上银行

电子商务与网上银行的发展是互助互利、相互影响的。电子商务给网上银行带来了巨大的业务发展空间，随着电子商务的发展，网上银行的发展壮大是必然趋势。电子商务目前在全世界范围内得到空前发展已是不争的事实，在中国，电子商务也成为网络的热点，B2C、C2C 等多种电子商务形式如日中天。随着电子商务的日益活跃，网上银行作为电子商务支付系统的媒介正在被越来越多的人认可和使用。截至目前，在国内正式建立网站的商业银行达到了 40 多家；我国网上银行个人客户超过 4 000 万户，企业客户超过 6 万户。2013 年中国银行业网上银行交易总额 1 066. 97 万亿元人民币，网上银行个人客户达到 7. 53 亿户，企业客户达到 1 500. 13 万户。网上银行已成为商业银行为高端客户提供服务的主要方式。

①随着电子商务的发展，网上银行的发展趋势是什么？

②你认为网上银行对电子商务的发展有什么影响？

③在电子商务活动中，网上银行的功能有哪些？

【学路领航】

网上银行又称为网络银行、在线银行，是指银行利用 Internet 技术，通过 Internet 向客户提供开户、查询、对账、行内转账、跨行转账、信贷、网上证券、投资理财等传统服务项目，使客户足不出户就能够安全便捷地管理活期和定期存款、支票、信用卡及个人投资等。可以说，网上银行是在 Internet 上的虚拟银行柜台。

网上银行发展的模式有两种：一种是完全依赖于 Internet 的无形的电子银行，也称

“虚拟银行”。所谓虚拟银行就是指没有实际的物理柜台作为支持的网上银行，这种网上银行一般只有一个办公地址，没有分支机构，也没有营业网点。另一种是在现有的传统银行的基础上，利用 Internet 开展传统的银行业务交易服务。即传统银行利用 Internet 作为新的服务手段为客户提供在线服务，实际上是传统银行服务在 Internet 上的延伸，这是网上银行存在的主要形式，也是绝大多数商业银行采取的网上银行发展模式。

网上银行又被称为“3A 银行”，因为它不受时间、空间限制，能够在任何时间(Any-time)、任何地点(Anywhere)以任何方式(Anyway)为客户提供金融服务。

网上银行相比传统银行有以下优势：①全面实现无纸化交易。以前使用的票据和单据大部分被电子支票、电子汇票和电子收据所代替；原有的纸币被电子货币，即电子现金、电子钱包、电子信用卡所代替；原有纸质文件的邮寄变为通过数据通信网络进行传送。②服务方便、快捷、高效、可靠。通过网上银行，用户可以享受到方便、快捷、高效和可靠的全方位服务。任何需要的时候使用网上银行的服务，不受时间、地域的限制，即实现 3A(Any-where，Anytime，Anyway)服务。③经营成本低廉。网上银行采用了虚拟现实信息处理技术，可以在保证原有的业务量不降低的前提下，减少营业点的数量。④简单易用。网上 E-mail 通信方式非常灵活方便，便于客户与银行之间以及银行内部的沟通。

二、使用网上银行

1995 年 10 月，美国 3 家银行 Area Bank 股份公司、Wachovia 银行公司、Hunting Banc-shares 股份公司、Secureware 和 Five Space 计算机公司联合在 Internet 上成立全球第一家无任何分支机构的纯网络银行，即美国第一安全网络银行 SFNB(Security First Network Bank、美国证券第一网络银行)。它是得到美国联邦银行管理机构批准，在 Internet 上提供银行金融服务的第一家银行，也是在 Internet 上提供大范围和多种银行服务的第一家银行。它通过全球最大的计算机网络——“交互网络”向个人客户提供每周 7 天，每天 24 小时不间断的银行业务服务，客户无论在什么地方，只要有一台能够上网的计算机和一个网络账号，就可以享受服务。

①你认为网上银行的诞生为电子商务的发展带来了怎样的影响？

②你认为 SFNB 取得巨大成功的因素有哪些？

③你认为电子支付和网上支付有区别吗？

④怎样开通网上银行业务？

【学路领航】

网上银行的业务品种主要包括银行基本业务、网上支付、网上投资、个人理财、企业银行及其他金融服务(以中国银行为例，如图 4-1、图 4-2 所示)。

①网上银行与传统银行有何区别？

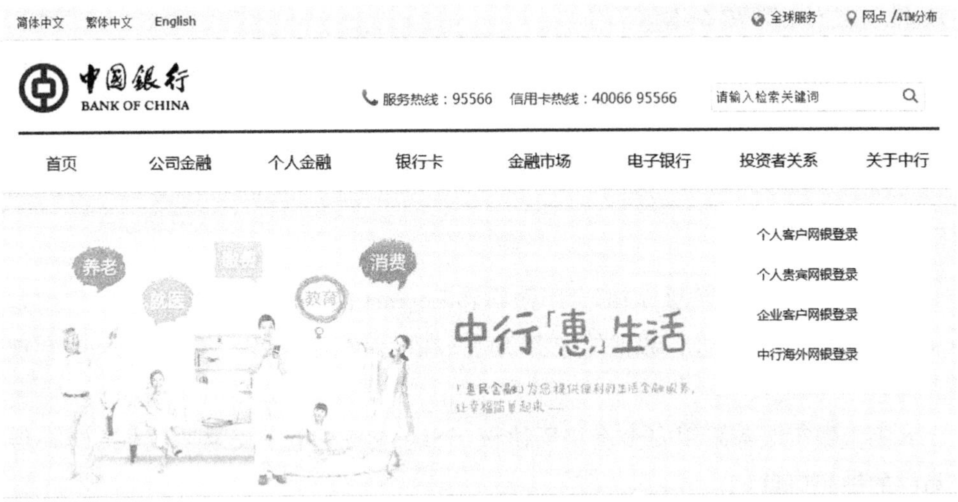

图 4-1 中国银行网上银行首页

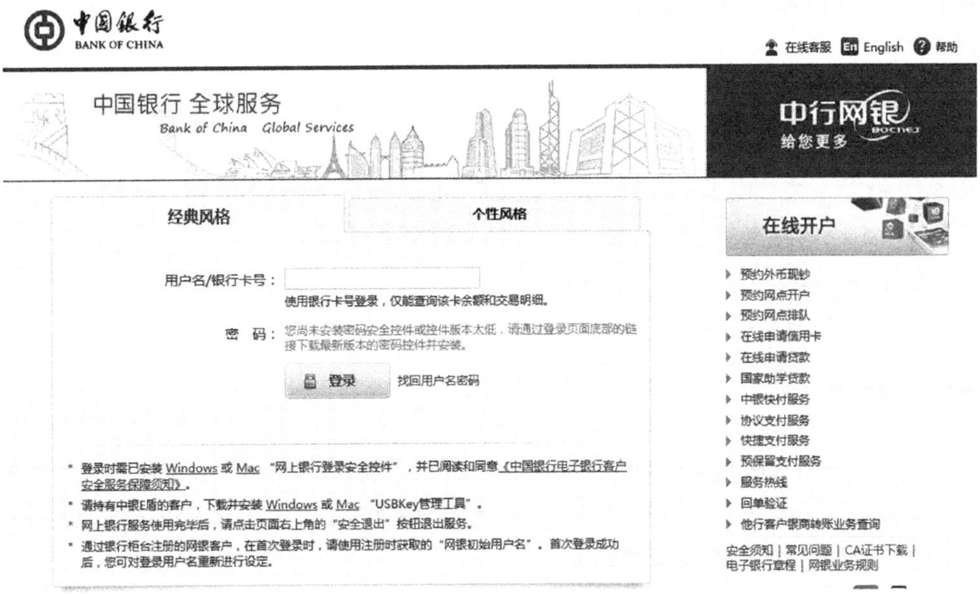

图 4-2 中国银行登录页面

②怎样实现资金在网上银行与支付宝之间的互转？

③比较个人银行大众版和专业版的安全措施。

④妈妈在单位听说网上购物很划算，也想试一试，但她对网上银行以及网上支付一窍不通，请你结合上面的图片，替妈妈出出主意，并解决问题。

【眼下留神】

● 网上银行安全使用建议：登录正确网址，妥善保护账号、密码等个人重要信息，巧用网上银行增值服务，保证计算机安全。

● 网上银行一般在客户服务、网站声明等链接提供有关网上银行的服务规定、服务承诺、系统使用的安全措施等信息。

• 网上支付平台和网上银行为了保证金融数据的安全传输，均采用了安全协议，在你第一次访问这些网站时，要求你安装相关的安全控件，请务必下载并安装相关的安全控件。浏览器状态栏上的锁形标志说明你正处于安全连接中。

【日积月累】

• 支付网关是连接银行内部专用网络和 Internet 的一组服务器，其主要作用是完成通信、协议转换以及进行数据的加密、解密，在确保银行内部网络安全的同时实现同外界信息的交换。

• 网上银行服务采用安全套接层协议（SSL）或安全电子交易协议（SET）来传输交易中的敏感信息。

任务三　其他电子支付工具

随着电子商务的发展，电子支付的工具越来越丰富，它们可以划分为三大类：第一类是电子货币类，如电子现金、电子钱包等；第二类是信用卡类，包括智能卡、借记卡、电话卡等；第三类是电子支票类，如电子支票、电子汇款、电子划款等。这些电子支付工具各有自己的特点和运作模式，适用于不同的交易过程。

本任务要求你：

熟悉电子现金、信用卡、电子支票的概念和使用流程。

电子支付工具

电子支付工具从基本形态上看是电子数据以金融电子化网络为基础，通过计算机网络系统以传输电子信息的方式实现支付功能，利用电子支付工具可以方便地实现现金存取、汇总直接消费和贷款等功能。

First Virtual 公司的 FV 系统从 1994 年 10 月开始正式营业，是 Internet 上最早开展结算服务的系统。要想成为 FV 的客户，必须具备的基本条件是：已经设置了可以经由 Internet 通信的环境，并持有有效的维萨卡或万事达卡。满足这两个条件之后，即可将自己的信用卡卡号和电子邮件的地址等用电话或传真通知 FV 并登录，FV 便发行一个称为“虚拟个人识别码”的 ID 号给顾客。顾客在 Internet 上购物时，无须信用卡号，只需将自己的 ID 号提供给商家。

FV 通过商家受理该 ID 号，检索已经登录的顾客个人信息，再对该顾客是否真正打算购物的确认电文用 E-mail 授信，顾客收到该 E-mail 后，回信表示打算购物时，FV 利用普通的信用卡支付网络，用与 Internet 无关的完全独立的形式向顾客的信用卡公司请求支付必要的全额。

①FV 使用的是什么付款解决方案？

②FV 系统的最大特点是什么？它是如何解决使用信用卡的安全支付问题的？

③图示用 FV 进行购物的支付流程。

④FV 系统有无缺陷？如有，是什么？

【学路领航】

1. 电子现金

(1)电子现金的特点

①银行和商家之间应有协议和授权关系。

②用户、商家和 E-cash 软件。

③E-cash 银行负责用户和商家之间资金的转移。

④身份验证时由 E-cash 本身完成。E-cash 银行在发放电子货币时使用了数字签名。

商家在每次交易中，将电子货币传送给 E-cash 银行，由 E-cash 银行验证用户所持的电子货币是否有效(伪造或使用过等)。

⑤匿名性。

⑥具有现金特点，可以存、取、转让，适用于小的交易量。

(2)电子现金支付方式存在的主要问题

①只有少数商家接受电子现金，而且只有少数几家银行提供电子现金的开户服务。

②成本较高。电子现金对于硬件和软件的技术要求都比较高，需要一个大型的数据库存储用户完成的交易和 E-cash 序列号以防止重复消费。尚需开发出软硬件成本低廉的电子现金。

③存在货币兑换问题。由于电子货币仍以传统的货币体系为基础，德国银行只能以德国马克的形式发行电子现金，法国银行发行以法郎为基础的电子现金，诸如此类，因此，从事跨国贸易就必须要使用特殊的兑换软件。

④风险较大。如果某个用户的硬驱损坏，电子现金丢失，钱就无法恢复，这个风险许多消费者都不愿承担。

(3)典型的电子现金系统

①Digicash：无条件匿名电子现金支付系统。其主要特点是通过数字记录现金，集中控制和管理现金，是一种足够安全的电子交易系统。

②Netcash：可记录的匿名电子现金支付系统。其主要特点是设置分级货币服务器来验证和管理电子现金，使电子交易的安全性得到保证。

2. 电子钱包

电子钱包的功能和实际钱包一样，可存放信用卡、电子现金、所有者的身份证书、所有者地址以及在电子商务网站的收款台上所需的其他信息。电子钱包提高了购物的效率。消费者选好要采购的商品时，可立即点击自己的钱包，从而加速订购的过程。

3. 智能卡

智能卡的名称来自英文名词“Smart card”，又称集成电路卡，即 IC 卡（Integrated Circuit Card）。它将一个集成电路芯片镶嵌于塑料基片中，封装成卡的形式，其外形与覆盖磁条的磁卡相似。

（1）IC 卡的种类

根据卡中所镶嵌的集成电路的不同可以分成以下 3 类：

①存储器卡。卡中的集成电路为 EEPROM（可编程只读存储器）。

②逻辑加密卡。卡中的集成电路具有加密逻辑和 ZEPROM。

③CPU 卡。卡中的集成电路包括中央处理器 CPU、EEPROM、随机存储器 RAM 以及固化在只读存储器 ROM 中的片内操作系统。

（2）IC 卡存储区的分配和功能

①公开的（不保密的）存储区：内含公用信息，诸如发行标志符，持卡人的账号等。

②外部不可读的存储区：存储的内容是供内部决策用的，如 PIN 值，该值是在卡片发行时进行个人化处理写入的，用户在输入正确的 PIN 值后，允许输入新 PIN 值进行修改，但在任何情况下，都不允许将存储在卡中的 PIN 值向外界传送。在本存储区内还可能存放密钥。

③保密存储区：内含账面余额、允许卡使用的服务类型及限额等。当持卡人输入正确的 PIN 值后，允许读取本存储区数据，并根据应用情况写入正确数据。

④记录区：内含每次交易细节，称为日志，可供查询。

除了存储卡外，在其他 IC 卡中还有逻辑电路或微处理器，提供安全可靠的服务。常用的电子支付工具的运作流程见表 4-2。

表 4-2 常用的电子支付工具的运作流程

支付工具	相关描述	使用过程
电子现金	电子现金是一种以数据形式流通的货币。它把现金数值转换成一系列的加密序列数，并通过这些序列数来表示现实中各种全额的币值。用户在开展电子现金业务的银行开设账户并在账户内存钱后，就可以在接受电子现金的商店购物了	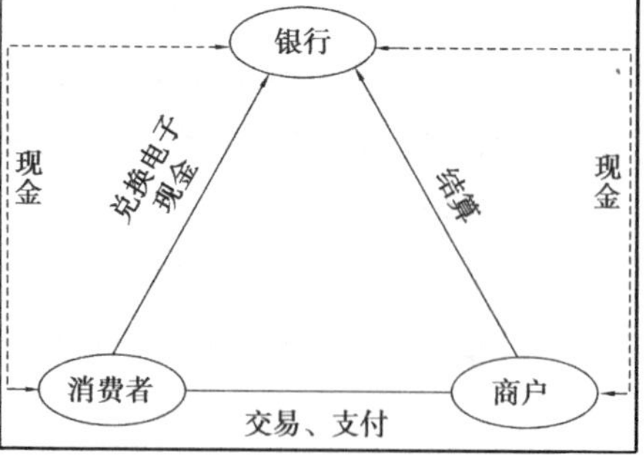

续表

支付工具	相关描述	使用过程
信用卡	信用卡是由银行发行的具有购物消费、信用借款、转账结算、汇总储蓄等多项功能的一种银行卡。银行还发行有各种借记卡,它们都具有支付的基本功能,但存在业务范围上的差别。信用卡代表持卡人的金融信用,可以透支消费 信用卡、借记卡等银行卡最初只能在银行卡专用网络上使用。通过支付网关,银行卡能安全地用于网上支付。每张银行卡对应着一个账户,支付是通过转账来实现的 银行卡正在用集成电路芯片(IC)取代原来的磁条,这种卡具有存储、加密及数据处理能力,被称为智能卡(IC 卡)。使用 IC 芯片的银行信用卡被称为电子信用卡或电子钱包。目前,信用卡是网上支付的常用工具	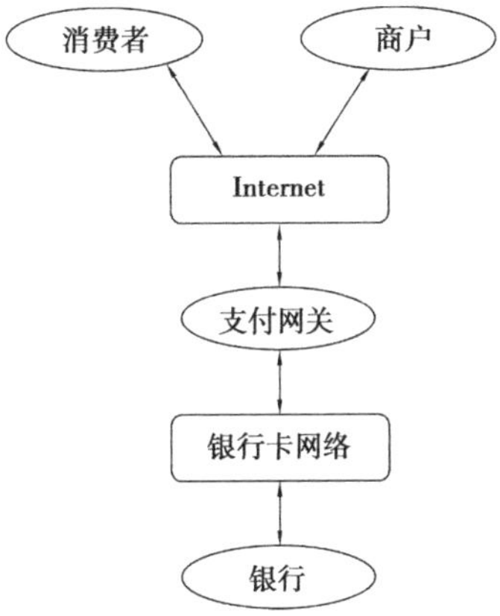
电子支票	电子支票是一种借鉴纸张支票转移支付的优点,利用数字传递将钱款从一个账户转移到另一个账户的电子付款形式。这种电子支票的支付是在与商户及银行相连的网络上以密码方式传递的,多数使用公用关键字加密签名或个人身份证号码(PIN)代替手写签名。用电子支票支付,事务处理费用较低,而且银行也能为参与电子商务的商户提供标准化的资金信息,可能是最有效率的支付手段	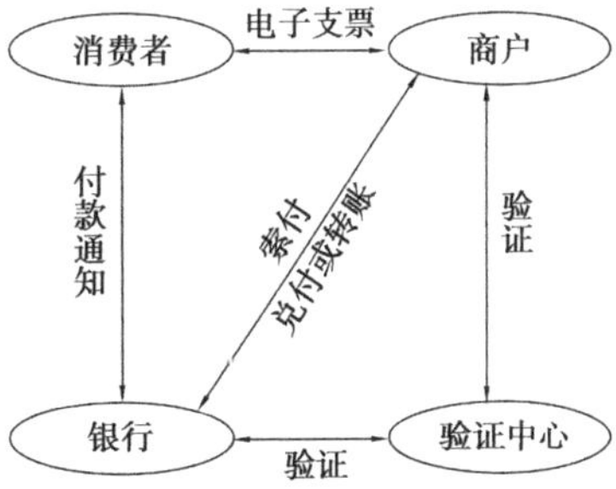

【眼下留神】

- 电子钱包和电子钱夹不是同一种支付工具。
- 智能卡与 ATM 卡的区别在于两者分别是通过嵌入式芯片和磁条来储存信息。

【日积月累】

- 信用卡是由银行发行的具有购物消费、信用借款、转账结算、汇兑储蓄等多项功能的一种银行卡。银行还发行有各种借记卡,它们都具有支付的基本功能,但存在业务范围上的差别。信用卡代办持卡人的金融信用,可透支消费。目前,信用卡是网上支付的常用工具。

• 电子钱夹是一种能够装载和读出电子钱包、智能卡等电子支付工具信息的小型便携装置。电子钱包是一种基于 WWW 浏览器或与浏览器结合的电子支付工具软件。它可以用来显示客户在电子钱包和信用卡中的余额,在相互认可的情况下,可以在多个电子钱包之间划拨现金。电子钱包还能与 PDA(个人数字助理)和智能手机相集成,以提供更灵活的使用途径。

项目五

电子商务物流

【学习要点】

电子商务作为一种新的数字化商务方式，给人类带来一次史无前例的产业革命，这场革命的结果是将人类真正带入信息社会。然而，在电子商务的发展过程中，人们发现作为支持有形商品网上商务活动的物流，不仅已成为有形商品网上商务活动的一个障碍，而且也已成为有形商品网上商务活动能否顺利进行的一个关键因素。

学习完本项目后，你将能够：

- 知道什么是物流。
- 了解电子商务与物流的关系。
- 了解现代物流技术。

任务一　认识物流

电子商务就是利用现代通信技术、网络 Internet 技术等实现商品所有权交换的经济活动，这一活动过程是由商流、物流、资金流和信息流共同组成的。“四流”相互协调整合，有效确保交易的实现。物流作为商务过程中的重要环节，担负着原材料提供商与产品生产商之间，以及商家与顾客之间的实物配送服务，高效的物流体系是使电子商务优势得以充分发挥的保证。本任务要求：

①知道什么是物流。

②了解物流的发展概况。

一、认识物流

中国的物流术语标准将物流定义为：物流是物品从供应地向接收地的实体流动过程中，根据实际需要，将运输、储存、装卸、搬运、包装、流通加工、配送、信息处理等功能有机结合。

南美洲厄瓜多尔中部 Cotopaxi 火山地区常年气候温暖，雨水充足，虽然山高林密，地势险要，却是玫瑰花和其他珍贵花卉的盛产之地。美国迈阿密州的布里恩花卉物流公司向北美各大城市配送的玫瑰花就是在这个地区的 3 家大型农场定点采购的。根据鲜花种植专家推断，玫瑰花从农场收割后，通常可以在正常情况下保鲜 14 天。这是在整个运输过程中万无一失的情况下才能够做到的，而且玫瑰花不能受到挤压，一旦花枝变形就会大大降低玫瑰花的品质。那么，如何让人们看到最高贵的玫瑰花呢？

Cotopaxi 地区:新的一天开始了,昨夜一场大雨过后,空气格外清朗,Rose 走向农场,准备开始一天的劳作。这些尤物含苞待放,露珠在花瓣上微微颤抖,不禁惹人怜爱,然而它们却实在太娇嫩了,经不起日晒雨淋。Rose 将园中的玫瑰花枝剪下来之后立即包装起来。为了防止花枝受到挤压,装花枝的盒子都非常结实,盒子装满鲜花后即使站一个人上去盒子都不会变形,而且这种良好的包装使得运输过程中避免了重复包装。每次,Rose 都将 150 枝玫瑰花包成一盒,然后将盒子装入华氏 34 ℃的冷藏集装箱内。在农场中,所有人都在这么做,等集装箱装满之后就被送到厄瓜多尔的首都基多国际机场,再从这里被连夜直接送往美国迈阿密机场。

美国迈阿密国际机场:布里恩花卉物流公司发明了一种环保集装箱,它的保温时间可以持续 96 个小时,而且花卉还能储存在宽体飞机底部的货舱内。这些玫瑰花整晚都安安静静地躺在飞机底部货舱。第二天凌晨,满载着新鲜玫瑰花的货机徐徐降落在迈阿密国际机场,在此等候着的工作人员将鲜花迅速从飞机舱口运到温控仓库里。早上,海关当局、防疫所和动植物检验所的工作人员对鲜花进行例行检查。之后,花卉就被转运到集装箱卡车或国内航空班机上,直接运达美国各地配送站、超市和大卖场,再通过它们将鲜花送往北美大陆各大城市街道上的花店、小贩和快递公司等处,并最终到达消费者手中。整个过程是快速衔接的,在时间上不能有任何差错。这样,北美地区的人们就能欣赏到来自南美洲厄瓜多尔最美丽的玫瑰花了。

①你认为物流的发展对商务活动会产生或已经产生了哪些影响?

②你认为厄瓜多尔的玫瑰花成功销售的因素有哪些?

③根据网上购物的经验,谈谈你对物流的认识。

【学路领航】

"物流"这个概念虽然只有几十年的历史,但物流活动却已历史悠久,从人类社会开始有产品交换行为就存在物流活动。人类对于物流的认识是社会生产力发展状况在人们头脑中的必然反应。物流也是一个不断演进的概念,它经历了从传统意义上的实物配送 PD(Physical Distribution)到今天的现代物流(Logistics)的转变过程。

1935 年,美国营销协会对其又作了进一步阐述,认为"实物分配是包含于销售之中的物质资料和服务与从生产场所到消费场所的流动过程之中所伴随的种种经济活动"。

1927 年,美国学者布索迪(Ralph Borsodi)在《流通时代》中首次使用 Logistics 一词来称呼物流,替代原来的 PD。第二次世界大战期间,美国陆军根据军事上的需要,首先在军火供应领域采用 Logistics Management(后勤管理)概念,并对战时的军火运输、补给、调配等进行全面的管理,从而积累了一定的经验。战后,LM 理论和方法逐渐由军事领域渗透到工商领域,产生了如 Business Logistics 之类的新概念,并得到各国实业界和理论界的广泛应用。

联合国物流委员会 1999 年对物流的界定是:"物流"是为了满足消费者需要而进

行的从起点到终点的原材料、中间过程库存、最终产品和相关信息有效流动和存储计划、实现和控制管理的过程。

美国物流协会认为"物流是为了符合顾客的需要所发生的从生产地到销售地的物质、服务及信息的流动过程,以及为使保管能有效、低成本进行而从事的计划、实施和控制行为"。

日本通商产业省运输综合研究所《物流手册》中认为,物流是将货物由供应者向需求者的物理移动,它由一系列创造时间价值和空间价值的经济活动组成,包括运输、保管、配送、包装、装卸、流通加工及物流信息处理等多项基本活动。

【眼下留神】

传统概念中,物流中的"物"的概念是指一切可以进行物理性位置移动的物质资源"

流指的是物理性运动,"流"和"流通"概念既有联系又有区别。

物流是由一系列创造时间价值和空间价值的经济活动组成的。

【日积月累】

- 物流的实质就是将适当数量的产品,在适当的时间和条件下为适当的顾客送到适当的地点,同时保持其适当的成本。物流管理的最终目的是满足客户需求与企业的目标。
- 物流的作用是将物资由供给主体向需求主体转移(包含物资的废弃与还原),创造时间价值和空间价值。

二、考察物流的发展

"物流"是怎么引入中国的?

首先,20 世纪 80 年代初至 20 世纪 90 年代初。一方面从欧美市场营销理论的引入,开始接触物流(Physical Distribution)的概念;另一方面从日本市场营销理论的引入,开始接触物流的概念。尽管当时在中国还尚未形成"物流"的概念,但是类似物流的行业是客观存在的。如同中国的"储运"业与国外的"物流业"很相似一样。只是限于这个时期中国的经济体制正处于转轨时期,真正意义上的现代物流尚未形成,引入传统物流(Physical Distribution)的概念更适合中国国情。其次,20 世纪 90 年代中期至 90 年代末。一方面对外开放力度加大,大量跨国公司进入中国,将现代物流(Logistics)的理念传播给中国;另一方面大量"三资"企业的生产和制造活动开始本地化,对现代物流(Logistics)产生了需求。于是,一批传统储运企业开始向开展综合物流业务的现代物流企业转型。最后,20 世纪末至今。世纪之交的中国经济,一方面由于世界经济一体化进程的推进,国际政治、经济、技术和管理对中国经济产生的深刻影响,促进了中国物流业的发展;另一方面由于中国社会主义市场经济体制建设的进程加快,现代物流发展的客观需求和市场环境基本具备。现代物流开始在中国进入全面发展的新阶段。

①你认为物流的发展对商务活动会产生或已经产生了哪些影响?

②你认为物流要取得成功,其关键因素有哪些?

③请你通过 Internet、图书馆等途径查询与物流相关的资料,谈一谈你对中国物流现状的认识。

【学路领航】

物流的概念源于美国,美国物流在世界上处于领先地位,其物流研究和物流实践较先进,也较完善。

早在第二次世界大战期间,美国军队为了卓有成效地调运军用物资,运用运筹学的理论方法,统筹安排人力运力,解决了一系列物流供应中出现的矛盾和问题,圆满完成了物资的调运和支援任务,被概括为“后勤供应”。战后,这种组织管理手段被应用于企业的生产管理,开拓了企业生产的崭新局面,取得了很好的经济效益。这实际上是美国物流业的初创阶段,也是世界范围内最初萌生的“物流”现象。现在,美国的物流已很广泛,涉及对需求的预计、存货控制、物流搬运、订货处理以及厂址、仓库地点的选择,物资的采购、包装、退货处理和储存运输等。纵观物流发展历史,大致可以分为以下 3 个阶段:

(1)PD 时期

PD 是把成品从生产线的终点有效地移动到消费者手中的广泛的活动,有时也包括从原材料的供给源到生产线的始点的移动。

(2)Logistics 时期

20 世纪 80 年代,国际上对物流的认识逐渐成熟,美国在不断地修正物流的定义,经过 1935 年、1976 年、1985 年几次更改,直至 1992 年美国物流管理委员会(Councilof Logistics Management)才定论。

(3)SCM 时期

Internet 技术为供应链管理提供了有力的支持,物流又是支持供应链整合的有效手段,人们研究的范围进一步扩大到不仅覆盖一个企业供应、生产和销售的全过程,而且还要覆盖供应链上下企业之间的整合过程。

【眼下留神】

• 现代物流是以满足消费者的需求为目标,把制造、运输、销售等市场情况统一起来考虑的一种战略措施。这与传统物流把它看作“后勤保障系统”和“销售活动中起桥梁作用”的概念相比,在深度和广度上又有了进一步的含义。

• 供应链的含义是从采购开始经过生产、分配、销售最后到达用户,这不是孤立的行为,而是一定流量的环环相扣的“链”,物流活动受这一供应链决定的制约,供应链管理实际上就是把物流和企业全部活动作为一个统一的过程来管理。

- 物流的供应链管理，虽然指明了企业战略要管全部供应链，但并不是说都要由企业去操作，部分环节在纳入管理前提下，利用社会力量操作也是正常的。

【日积月累】

- 供应链管理(Supply Chain Management,SCM)是指在满足一定的客户服务水平的条件下，为了使整个供应链系统成本达到最小而把供应商、制造商、仓库、配送中心和渠道商等有效地组织在一起来进行的产品制造、转运、分销及销售的管理方法。供应链管理包括计划、采购、制造、配送、退货5个基本内容。
- 供应链管理是一种集成的管理思想和方法，它执行供应链中从供应商到最终用户的物流的计划和控制等职能。

三、物流功能要素

2007年9月，经重庆市政府第40次市长办公会研究，决定依托国家铁路综合物流中心和兴隆场大型铁路编组站设立重庆西部现代物流园。园区立足重庆、服务西部、辐射全国，统筹西部物流大通道建设，构建聚集重庆物流资源和公共物流服务的平台、长江上游水陆空多式联运平台、区域物资分拨分销集散平台、物流装备制造基地、物流金融和培训等综合服务平台。园区将被打造成为服务和辐射西南、西北、长江中下游、华南的物流枢纽及分销配送中心、国内最具现代化的物流服务区和产业综合发展区。园区按9个功能区统筹规划和建设，即国家铁路综合物流中心、多式联运区、仓储加工区、货运配载区、城市配送区、保税物流区、新型物流社区、物流装备产业发展区、商贸交易区。将建成以货运交易、仓储管理、车辆调度、数据交换和物业等系统为一体的信息传输和处理中心，为园区提供物流公共信息服务。2010年5月，作为率先入驻物流园的企业之一，永辉超市宣布，拟投资11亿元，修建占地500亩的永辉西部物流中心。据永辉物流有关负责人介绍，该中心分为两期建设：一期投资6.6亿元，占地约350亩，主要以日用品、服装、生鲜、食品等物流配送中心为主；二期投资4.4亿元，主要是批发分销中心和展销中心等配套设施。

①重庆西部物流中心有何重大意义？

②永辉为什么选择在物流园建设配送分拨和展销中心？

③请你通过Internet、图书馆等途径查询与重庆西部物流中心相关的资料，谈一谈你对它的认识。

【学路领航】

物流系统的功能要素指的是物流系统所具有的基本能力，这些基本能力有效地组合、联结在一起，便成了物流的总功能，便能合理、有效地实现物流系统的总目的。物流系统的功能要素主要包括运输、储存保管、包装、装卸搬运、流通加工、配送和物流信息管理。

(1)运输功能要素

运输是物流各环节中最重要的部分,是物流的关键。运输一般分为输送和配送。有人将运输作为物流的代名词。运输方式有公路运输、铁路运输、船舶运输、航空运输、管道运输等。没有运输,物品只有存在价值,没有使用价值,即生产出来的产品,如果不通过运输,送至消费者手中进行消费,等于该产品没有被利用,也就没有产生使用价值。没有运输连接生产和消费,生产就失去了意义。一般认为,所有商品的移动都是运输,运输可以划分为两段:一段是生产厂家到流通据点之间的运输,批量比较大、品种比较单一、运距比较长,这样的运输称为"输送";另一段是流通据点到用户之间的运输,一般称为"配送",就是根据用户的要求,将各类商品按不同类别、不同方向和不同用户进行分类、拣选、组配、装箱,按用户要求的品种、数量配齐后送给用户,其实质在于"配齐"和"送达"。

(2)储存保管功能要素

在物流中,运输承担了改变商品空间状态的重任,储存则承担了改变商品时间状态的重任,而库存是与储存既有密切关系又有区别的一个概念,它是储存的静态形式。产品离开生产线后到最终消费之前,一般都要有一个存放、保养、维护和管理的过程,也是克服季节性、时间性间隔,创造时间效益的活动。库存主要分为基本库存和安全库存。

基本库存是补给过程中产生的库存。在订货之前,库存处于最高水平,日常的需求不断地"抽取"存货,直至该储存水平降至为零。实际在库存没有降至零之前就要开始启动订货程序,于是在发生缺货之前,就会完成商品的储存。补给订货的量就是订货量。在订货过程中必须保持的库存量就是基本库存。

为了防止不确定因素对物流的影响,如运输延误;商品到货,但品种、规格、质量不符合要求;销售势头好,库存周转加快或紧急需要等,都需要企业另外储备一部分库存,这就是安全库存。

确定合理库存是企业物流管理的重要内容之一。库存管理并没有统一的模型,而且每个企业都有自己特殊的存货管理要求,企业只能根据自己的具体情况,建立有关模型,解决具体问题。

(3)包装功能要素

包装大体可划分为两类:一类是工业包装,或称运输包装、大包装;另一类是商业包装,或称销售包装、小包装。工业包装是为保持商品的品质,商业包装是为使商品能顺利抵达消费者手中,提高商品价值、传递信息等。由此可知,包装的功能和作用不可低估,它既是生产的终点,又是企业物流的起点。包装的作用是按单位分开产品,便于运输,并保护在途货物。注重包装是保证整个物流系统流程顺畅的重要环节之一。

(4)装卸搬运功能要素

装卸搬运是物流各环节连接成一体的接口,是运输、储存、包装等物流作业得以顺利实现的根本保证。装卸和搬运质量的好坏、效率的高低是整个物流过程的关键所在。装卸搬运工具、设施、设备不先进,搬运装卸效率低,商品流转时间就会延长,商品就会破损,就会增大物流成本,影响整个物流过程的质量。装卸搬运的功能是连接运输、储存和包装各个系统的节点,该节点的质量直接关系整个物流系统的质量和效率,而且又是缩短物流移动时间、节约流通费用的重要组成部分。装卸搬运环节出了问题,物流其他环节就会停顿。

(5)流通加工功能要素

所谓流通加工就是产品从生产者向消费者流动的过程中,为了促进销售,维护产品质量,实现物流的高效率所采取的使物品发生物理和化学变化的功能。通过流通加工,可以节约材料、提高成品率,保证供货质量和更好地为用户服务。对流通加工的作用不可低估。流通加工是物流过程中"质"的升华,使流通向更深层次发展。

(6)配送功能要素

过去没有将配送独立作为物流系统实现的功能,未看成独立的功能要素,而是将其作为运输中的末端运输对待。但是,配送作为一种现代流通方式,集经营、服务以及库存、分拣、装卸、搬运于一身,已不是一种送货运输所能包含的,应将其作为独立功能要素。

(7)物流信息管理功能要素

物流信息是连接运输、储存、装卸、包装各环节的纽带,没有各物流环节信息的通畅和及时供给,就没有物流活动的时间效率和管理效率,也就失去了物流的整体效率。通过收集与物流活动相关的信息,能使物流活动有效、顺利地进行。

【眼下留神】

- "物流"的流动六要素:流体、载体、流向、流量、流程、流速。
- 流体是指物流中的"物",即物质实体。
- 载体是指借以流动设施的设备,包括基础设施的设备。
- 流向是指从起点到终点的流动方向(自然流向、计划流向、市场流向、实际流向)。
- 流量是指通过载体的流体在一定流向上的数量表现。
- 流程是指通过载体的流体在一定流向上行驶路径的数量表现。
- 流速是指通过载体的流体在一定流程上的速度表现。
- 物流的流动六要素的内在联系:流体的自然属性决定了载体的类型和规模,流体的社会属性决定了流向,载体对流向有制约作用,载体的状况对流体的自然属性和社会属性均产生影响。流量是通过载体的流体在一定流向上的数量表现。流程是通过载体的流体在一定流向上实现空间位移的数量表现。流速是在流程上的速度表现。

【日积月累】

●“物流冰山”说:是由日本早稻田大学西泽修教授提出来的。

●第三利润源:这一说法出自日本,第一个是企业销售额的增加,第二个是生产成本或进货成本的降低。

●“效益背反”学说:指的是物流的若干功能要素之间存在着损益的矛盾。

四、电子商务与物流的关系

“双11”即指每年的11月11日,由于日期特殊,又被称为光棍节。从2009年开始,每年的11月11日,以天猫、淘宝、京东为代表的大型电子商务网站一般会利用这一天来进行一些大规模的打折促销活动,以提高销售额度,成为中国Internet最大规模的商业活动,光棍节的重要性因与购物节相关而更受人们关注。2016年天猫“双11”交易额为1 207亿元,2017年为1 682亿元,2018年为2 135亿元,2019年为2 684亿元。

高成交额也带来了高包裹量,面对每年“双11”激增的业务量,快递公司增加“硬”件配置必不可少。增加快递人员、扩建转移中心、增加作业场地、新增干线车辆、增加快递专用货机线路、开设高铁班列等,这些都是每年必做的事情,虽然提前做了大量准备工作,但大部分电商企业和快递企业面对“双11”还是会“发怵”,仍然要面临每年都会遇到的老问题:物流和快递费用不涨,“硬”件增加都需要成本支出,而订单的增量带来的收入与成本的增加不成正比,部分还出现送得越多越亏损的情况;订单高峰过后,在高峰时配备的“战时资源”也会面临闲置和无法有效利用的情况。大多数快递从业者都在吐槽“大规模集中促销给快递网络运转带来了巨大的压力”。

①电子商务的兴起给物流带来了怎样的机遇和挑战?

②面对“双11”,物流企业该作怎样最有效的准备?

【学路领航】

1. 电子商务促进物流的发展

(1)电子商务将改变人们传统的物流观念

电子商务作为一种新兴的商务活动,为物流创造了一个虚拟的运动空间。利用电子商务进行物流活动时,物流的各种职能及功能可以通过虚拟化的方式表现出来。在这种虚拟化的过程中,人们可以通过各种组合方式,寻求物流的合理化,使商品实体在实际的运动过程中,达到效率最高、费用最省、距离最短、用时最短的目的。

(2)电子商务将改变物流的运作方式

通过电子商务可以实现物流网络的实时控制。传统的储运活动在其运作过程中,不管它是以生产为中心,还是以成本或利润为中心,其实质都是以商流为中心,从属于商流活动,物流的运动方式是紧紧伴随着商流来运动的。利用电子商务,物流的运作是以信息为中心的，信息不仅决定了物流的运动方向，而且也决定着物流的运作方式。在实际的运作过程中，通过网络上的信息传递，可以有效地实现对物流的实施控制，实现物流的合理化。

(3)电子商务将促进物流基础设施的改善和物流技术与管理水平的提高

①促进物流基础设施的改善。电子商务高效率和全球化的特点，要求物流也必须达到这一目标。而物流要达到这一目标，良好的交通运输网络、通信网络等基础设施是最基本的保证。

②促进物流技术的进步。物流技术包括运输技术、仓储技术、装卸技术、包装技术等，物流技术水平的高低是实现物流效率高低的一个重要因素。要建立一个适应电子商务运作的高效率的物流系统，对加快提高物流的技术水平有着重要的作用。

③促进物流管理水平的提高。物流管理水平的高低直接决定和影响着物流效率的高低，也影响着电子商务高效率优势的实现问题。只有提高物流的管理水平，建立科学合理的管理制度，将科学的管理手段和方法应用于物流管理当中，才能确保物流的进行，实现物流的合理化和高效化，促进电子商务的发展。

2. 物流是电子商务的重要保障

在传统交易过程中，商流必须伴随相应的物流活动，即按照购买方需求将商品实体由供方以适当的方式向购买方转移。利用电子商务，消费者只要通过网上点击购物，就可以完成商品所有权的交割，即商流过程。但电子商务的活动并未结束，只有商品和服务真正转移到消费者手中，商务活动才告以终结。在整个电子商务的交易过程中，物流实际上是以商流的后续者和服务者的姿态出现的，没有物流作保证，电子商务给供方和购方带来的便捷等于零。

【眼下留神】

- 电子商务的本质是商务，商务的核心内容是商品的交易，而商品交易会涉及4个方面：商品所有权的转移；货币的支付；有关信息的获取与应用；商品本身的转交，即商流、资金流、信息流和物流。
- 无论在传统的贸易方式下，还是在电子商务下，生产都是商品流通之本，而生产的顺利进行需要各类物流活动的支持。

【日积月累】

- 物流是电子商务实现以顾客为中心理念的最终保证，缺少现代化物流技术与管理，电子商务给消费者带来的便捷就等于零，消费者必然会转向他们认为更为可靠的传统购物的方式上。
- 物流是电子商务的重要组成部分，是信息流和资金流的基础和载体。

任务二　认识电子商务物流

电子商务时代，企业销售范围的扩大、企业和商业销售方式及最终消费者购买方式的转变，使得送货上门等业务成为一项极为重要的服务业务，促使了物流行业的兴起。物流行业提供物运输配送、仓储保管、分装包装、流通加工等服务。信息化、全球化、多功能化和一流的服务水平，已成为电子商务下的物流企业追求的目标。电子商务物流的概念是伴随电子商务技术和社会需求的发展而出现的，它是电子商务真正的经济价值实现不可或缺的重要组成部分。本任务要求：

①了解电子商务与物流的关系。

②熟悉电子商务物流模式。

③弄清楚电子商务下的物流特点。

一、考察电子商务物流

电子商务物流就是利用电子化的手段，尤其是利用 Internet 技术来完成物流全过程的协调控制和管理，实现从网络前端到最终客户端的所有中间过程服务。

戴尔公司的日销量超过 1 200 万美元，其销售全是通过国际 Internet 和企业内部网进行的。在日常的经营中，戴尔公司仅保持两个星期的库存(行业的标准是刚超过 60 天)，存货一年周转 30 次以上。基于这些数字，戴尔公司的毛利率和资本回报率分别为 21% 和 106%。戴尔公司实施电子商务化物流后取得的物流效果如下：

①1998 年成品库存为零。

②零部件仅有 2.5 亿美元的库存量(其盈利为 168 亿美元)。

③年库存周转次数为 50 次。

④库存期平均为 7 天。

⑤增长速度 4 倍于市场成长速度。

⑥增长速度两倍于竞争对手。

戴尔的物流从确认订货开始。确认订货以收到货款为标志，在收到用户的货款之前，物流过程并没有开始，收到货款之后需要两天时间进行生产准备、生产、测试、包装、发运准备等。戴尔在我国的福建厦门设厂，其产品的销售物流委托国内的一家货运公司承担。由于用户分布面广，戴尔向货运公司发出的发货通知可能十分零星和分散，但戴尔公司承诺在款到后 2 ~ 5 天送货上门，同时，在中国对某些偏远地区的用户每台计算机还加收 200 ~ 300 元的运费。

①电子商务化物流对戴尔公司的好处及隐患什么？

②戴尔公司为什么能取得这么好的物流效果？

【学路领航】

电子商务是20世纪信息化、网络化的产物。电子商务的出现，不仅改变了传统商务的活动模式，而且对产业间的融合与经济结构调整产生着积极的影响。人们已经认识到，物流已成为电子商务是否顺利进行和发展的一个关键因素。随着信息技术的发展，越来越多的人使用电子商务，电子商务是一个基本的经济积极参与交易或购买的货物销售。电子商务不仅发生了革命性的方式销售货物，涉及的业务很多。在网上交易的情况下，物流如何保证商品尽快送到客户手中？交易双方如何选择物流的运作模式？如何以较低的成本并在较短的时间内实现物流的运作？这就是由电子商务所引发的物流问题，在此背景下，产生了电子商务物流这一概念。

相对于传统物流配送而言，电子商务物流配送的要求更高。在电子商务环境下，客户对物流配送的要求呈现出：反应迅速化、功能集成化、服务系列化、作业规范化、目标系统化、手段现代化、组织网络化、经营市场化、信息自动化等新的特点。①增值功能将得到不断强化，利用电子本身的优势，增加便利性的服务。提供门到门服务，一张面孔接待顾客，24小时营业、自动订货等，以及将其他行业结合起来，无线POS、移动小额支付等。②降低了成本。③电子数据系统成为物流的生命，在电子商务时代，要提供最佳的服务，物流系统必须要有良好的信息处理和传输系统。

【眼下留神】

• 在电子商务时代，物流企业之间依靠本企业提供优质服务、降低物流费用等方面来进行的竞争内容依然存在，但有效性却大大降低了。

• 电子商务物流是一整套的电子物流解决方案的物流显示及相关操作都在电子设备上。

【日积月累】

• 在电子商务时代，物流信息化是电子商务的必然要求。物流信息化表现为物流信息的商品化、物流信息搜集的数据库化和代码化、物流信息处理的电子化和计算机化、物流信息传递的标准化和实时化、物流信息存储的数字化等。

• 物流，也有人理解为是物流企业的电子商务化。其实，可以从更广义的角度去理解这个概念，既可以理解为“电子商务时代的物流”，即电子商务对物流管理提出的新要求，也可以理解为“物流管理电子化”，即利用电子商务技术（主要是计算机技术和信息技术）对传统物流管理的改造。有人称其为虚拟物流（Virtual Logistics），即以计算机网络技术进行物流运作与管理，实现企业间物流资源共享和优化配置的物流方式。

二、考察电子商务物流模式

亚马逊网络书店成立于1994年7月,亚马逊网络书店的创办人兼CEO贝佐斯的目标是在网络零售业扮演一个关键的角色,基于与消费者互信与回馈快速的基础上发展成为双赢的关系。亚马逊网络书店于1995年7月开始营运,并且向美国50个州,世界上45个国家开始送书。亚马逊网络书店成立至今年为止,总计销售已达全球180个国家,超过1 200万人。

亚马逊公司是个典型的面对消费者的零售网站(B2C)。亚马逊公司最初是个网上书店,但现在公司的产品种类已经扩大至音像光盘、录像带、化妆用品、宠物用品及杂货等,并提供拍卖及问候卡片等服务。与国内企业深度介入物流运输环节不同,亚马逊的配送环节全部外包。美国境内部分外包给美国邮政和UPS,国际部分外包给基华物流CEVA、联邦快递等。亚马逊如何加强对物流环节的掌控呢?答案就是大规模建设"物流中心"。截至2009年年底,亚马逊在美国本土拥有物流仓储中心约110万平方米,在海外则达到53万平方米。上述物流中心,除了为亚马逊自己的货物提供收发货、仓储周转服务外,也为亚马逊网站上代销的第三方卖家提供物流服务。无论是个人卖家还是中小企业,都可以把货物送到较近的亚马逊物流中心,亚马逊按每立方米每月0.45美元收取仓储费(相当于每立方米每月人民币106元)。客户下单后,亚马逊的员工就会负责订单处理、包装、发货、第三方配送及退换货事宜,并按每件货物0.5美元或每磅0.4美元收取订单执行费。目前,由第三方销售的商品占到亚马逊总销量的30%,活跃的卖家有190万,通过亚马逊系统配送的货物达100多万种。通过物流中心,亚马逊将分散的订单需求集中起来(不仅是信息集中,也是货物集中),再对接UPS、基华物流等规模化物流企业,以发挥统筹配送的规模效应。

①亚马逊将物流作为促销手段是一把双刃剑,增加销售的同时也产生巨大的成本,如何消化由此带来的成本呢?

②亚马逊为什么将物流交给UPS、基华等物流企业呢?

【学路领航】

电子商务物流模式主要是指以市场为导向、以满足顾客要求为宗旨、获取系统总效益最优化的适应现代社会经济发展的模式。

(1)自营物流

自营物流主要是指企业自己营业的物流,而它主要的经济来源不在于物流。如京东,它就是自营物流,但是它的最大利润源却不是物流,它有能力自身承担物流业务,自营物流是企业物流模式的一种。

自营物流的优点:第一,控制力强。企业可以根据掌握的资料对物流活动的各个环节有效地进行调节,迅速得到第一手信息,解决物流活动中出现的问题,随时调整策略。这样,企业可以有效地控制物流系统的动作。第二,服务性强。能及时地调整物流服务，为企业的生产经营活动提供有效的支持。第三，保密性强。对某些特殊的运营环节可以有效地进行保密，不会通过物流外包泄露给竞争对手。

自营物流的缺点：第一，增加了企业的投资负担，削弱了企业抵御市场风险的能力。企业为了实现对物流的直接组织和管理，需要投入较多的资金，配备相应的物流设备和物流人员。第二，规模化程度较低。企业的产品数量有限，不足以形成规模效应。第三，不利于核心竞争力的提高。对于非物流企业来说，尽管在有的条件下，物流对自身的活动有着重要的影响，但物流并非企业自身的核心业务，也非自身最擅长的业务。如果采取自营物流，一方面减少对核心业务的投入；另一方面企业管理人员需花费过多的时间、精力和资源去从事物流工作，会削弱企业的核心竞争力。

(2)物流联盟

物流联盟是介于独立的企业与市场交易关系之间的一种组织形态，是企业间由于自身某些方面发展的需要而形成的相对稳定的、长期的契约关系。物流联盟是以物流为合作基础的企业战略联盟，它是指两个或多个企业之间，为了实现自己物流战略目标，通过各种协议、契约而结成的优势互补、风险共担、利益共享的松散型网络组织。但它的体系较弱，很容易解体。

(3)第三方物流

第三方物流是指能够提供现代化的、系统的物流服务的第三方的物流活动。它不拆有商品，不参与商品的买卖，而是为客户提供以合同为约束，以结盟为基础的，系列化、个性化、信息化的物流代理服务。随着信息技术的发展和经济全球化趋势，越来越多的产品在世界范围内流通、生产、销售和消费，物流活动日益庞大和复杂，生产经营企业为了将更多的精力放在发展自己的主业上，加强供应链管理，降低物流成本，将部分或全部物流活动以合同的方式委托给专业物流服务。

第三方物流的基本特征：第一，关系合同化。第三方物流是通过契约形式来规范物流经营者与物流消费者之间关系的。第二，服务多样化。不同的物流消费者存在不同的物流服务要求，第三方物流需要根据不同物流消费者在企业形象、业务流程、产品特征、顾客需求特征、竞争需要等方面的不同要求，提供多样化的物流服务和增值服务。第三，功能专业化。第三方物流根据自身发展的基本要求，所提供的是专业的物流服务。从物流设计、物流操作过程、物流技术工具、物流设施到物流管理都体现了专门化和专业水平。

(4)第四方物流

第四方物流是 1998 年美国埃森哲咨询公司率先提出的，专门为第一方、第二方和第三方提供物流规划、咨询、物流信息系统、供应链管理等活动，如图 5-1 所示。

第四方物流被定义为“是一个供应链集成商，对公司内部和具有互补性的服务供应商所拥有的不同资源、能力和技术进行整合和管理，提供综合的供应链解决方案”。它能在解决企业物流的基础上，整合社会资源、解决物流信息充分共享、社会物流资源充分利用等问题。与第三方物流相比，第四方物流的进入条件更高：一是在行业内处于领导地位；二是有良好的信息共享平台；三是有足够的供应链管理能力作为4PL的主体；四是有区域化，甚至全球化的地域覆盖能力；五是要有长期的战略合作伙伴。

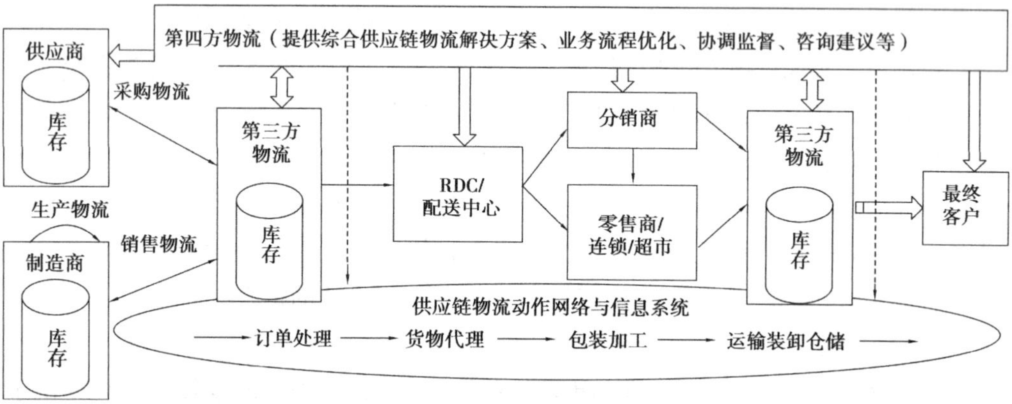

图5-1 第四方物流运作模式

(5)物流一体化

物流一体化是指以物流系统为核心，由生产企业、物流企业、销售企业、消费者的供应链整体化和系统化。它必须以第三方物流充分发育和完善为基础。20世纪70年代，西方发达国家如美、法、德等国的许多企业都设立了物流部，负责生产经营过程中的采购、物料管理、生产制造、装配、仓储、分销等所有环节的物流活动，被称为企业物流的内部一体化，进而发展为微观物流一体化和宏观物流一体化。在电子商务时代，这是一种比较完整意义上的物流配送模式，是物流业发展的高级和成熟的阶段。

三、电子商务下的物流特点

电子商务时代的来临，给全球物流带来了新的发展，使物流具备了一系列新特点。

1. 信息化

在电子商务时代，物流信息化是电子商务的必然要求。物流信息化表现为物流信息的商品化、物流信息搜集的数据库化和代码化、物流信息处理的电子化和计算机化、物流信息传递的标准化和实时化、物流信息存储的数字化等。条码技术(Bar Code)、数据库技术(Database)、电子订货系统(EOS)、电子数据交换(EDI)、快速反应(QR)及有效的客户反应(ECR)、企业资源计划(ERP)等技术得到普遍应用。

2. 自动化

自动化的基础是信息化，自动化的核心是机电一体化，自动化的外在表现是无人化，自动化的效果是省力化。另外，还可以扩大物流作业能力、提高劳动生产率、减少物流作业的差错等。物流自动化的设施非常多，如条码/语音/射频自动识别系统、自动分拣系统、自动存取系统、自动导向车、货物自动跟踪系统等。这些设施在发达国家已普遍用于物流作业流程中，而在我国由于物流业起步晚，发展水平低，自动化技术的普及还需要相当长的时间。

3. 网络化

物流领域网络化的基础也是信息化，这里指的网络化有两层含义：一是物流配送系统的计算机通信网络，包括物流配送中心与供应商或制造商的联系要通过计算机网络。另外，与下游顾客之间的联系也要通过计算机网络通信，比如，物流配送中心向供应商提出订单这个过程，就可以使用计算机通信方式，借助于电子订货系统（EOS）和电子数据交换技术（EDI）来自动实现，物流配送中心通过计算机网络收集下级客户的订货的过程也可以自动完成。二是组织的网络化，即所谓的企业内部网（Intranet）。

物流的网络化是物流信息化的必然，是电子商务下物流活动的主要特征之一。

4. 智能化

智能化是物流自动化、信息化的一种高层次应用，物流作业过程大量的运筹和决策，如库存水平的确定、运输（搬运）路径的选择、自动导向车的运行轨迹和作业控制、自动分拣机的运行、物流配送中心经营管理的决策支持等问题都需要借助于大量的知识才能解决。为了提高物流现代化的水平，物流的智能化已成为电子商务下物流发展的一个新趋势。

5. 柔性化

柔性化的物流是适应生产、流通与消费的需求而发展起来的一种新型物流模式。要求物流配送中心要根据消费需求“多品种、小批量、多批次、短周期”的特色，灵活组织和实施物流作业。

另外，物流设施、商品包装的标准化，物流的社会化、共同化也都是电子商务下物流模式的新特点。

【眼下留神】

- 第四方物流并不承担具体的物流运作活动。
- 对于少数商品和服务来说，可以直接通过计算机网络传输的方式进行商品配送，如各种电子出版物、信息咨询服务、计算机软件等。

【日积月累】

- 商流是动机和目的，资金流是条件，信息流是手段，物流是过程。
- 电子商务物流系统的目的在于以 Speed（速度）、Safety（安全）、Surely（可靠）和 Low（低费用）的 3S1L 原则，即以最少的费用提供最好的物流服务按交货期将所订货物适时而准确地交给用户，尽可能地减少用户所需物的断档时间，适当配置物流据点，提高配送效率，维持适当的库存量，提高运输、保管、搬运、包装、流通加工等的作业效率，保证订货、出货、配送信息畅通无阻，使物流成本降到最低。
- 信息化、全球化、多功能化和一流的服务水平，已成为电子商务下的物流企业追求的目标。

四、考察国外电子商务物流的发展

美国加州食品配送中心是全美第二大批发配送中心，建于1982年，建筑面积10万平方米，工作人员2 000人左右，共有全封闭型温控运输车600多辆，1995年销售额达20亿美元。其经营的商品均为食品，有43 000多个品种，其中，有98%的商品由该公司组织进货，另有2%的商品是该中心开发加工的商品，主要是牛奶、面包、冰激凌等新鲜食品。该中心实行会员制。各会员超市因店铺的规模大小不同、所需商品配送量的不同，而向中心交纳不同的会员费。会员店在日常交易中与其他店一样，不享受任何特殊的待遇，但可以参加配送中心的定期的利润处理。该配送中心本身不是盈利单位，可以不交营业税。当配送中心获得利润时，采取分红的形式，将部分利润分给会员店。会员店分得红利的多少，将视在配送中心的送货量和交易额的多少而定，多者多分红。

该配送中心主要靠计算机管理。业务部通过计算机获取会员店的订货信息，及时向生产厂家和储运部发出要货指示单；厂家和储运部再根据要货指示单的先后缓急安排配送的先后顺序，将分配好的货物放在待配送口等待发运。配送中心24小时运转，配送半径一般为50千米。

该配送中心与制造商、超市协商制订商品的价格，主要依据为：①小商品的数量与质量；②付款时间，如在10天内付款可以享受2%的价格优惠；③配送中心对各大超市配送商品的加价率，根据商品的品种、档次不同以及进货量的多少而定，一般为2.9%～8.5%。

①请你通过阅读材料，谈一谈国外电子商务物流的发展情况。

②请你通过Internet、图书馆等途径查询与电子商务物流相关的资料，谈一谈中国电子商务物流的发展趋势。

【学路领航】

（1）美国的物流中央化

物流中央化的美国物流模式强调"整体化的物流管理系统"，是一种以整体利益为重，冲破按部门分管的体制，从整体进行统一规划管理的管理方式。在市场营销方面，物流管理包括分配计划、运输、仓储、市场研究、为用户服务5个过程；在流通和服务方面，物流管理过程包括需求预计、订货过程、原材料购买、加工过程，即从原材料购买直至送达顾客的全部物资流通过程。

（2）日本的高效配送中心

物流过程是生产—流通—消费—还原（废物的再利用及生产资料的补足和再生产）。物流（少库存多批发）与销售（多库存少批发）相互对立，必须利用统筹来获得整体成本最小的效果。物流的前提是企业的销售政策、商业管理、交易条件。销售订货时，交货条件、订货条件、库存量条件对物流的结果影响巨大。流通中的物流问题已转向研究供应、生产、销售中的物流问题方向。

(3)适应电子商务的全新物流模式物流代理

物流代理(Third Party Logistics,TPL,即第三方提供物流服务)的定义为:"物流渠道中的专业化物流中间人,以签订合同的方式,在一定期间内,为其他公司提供的所有或某些方面的物流业务服务。"

【眼下留神】

- 物流代理包括一切物流活动,以及发货人可以从专业物流代理商处得到的其他一些价值增值服务。提供这一服务是以发货人和物流代理商之间的正式合同为条件的。这一合同明确规定了服务费用、期限及相互责任等事项。
- 在日本,物流是非独立领域,由多种因素制约。
- 外包制(outsourcing)是美国企业20世纪80年代兴起的管理思想。当时美国企业将企业流程再造作为经营合理化的重要手段,重新对业务内容、资源的分配进行考虑。

【日积月累】

- 精益物流指的是通过消除生产和供应过程中的非增值的浪费,以减少备货时间,提高客户满意度。
- 进入20世纪90年代,美国企业的物流系统更加系统化、整合化,物流也从logistics向SCM转化。具体指的是商品到达消费者手中,中间要包括零售商、批发商、制造商、原材料零件的供应商等,而物流则处于流动的整个环节中。

任务三 现代物流技术

现代物流技术是通过多种信息技术集成的物流信息系统,对在运输、仓储、装卸、搬运、包装、流通加工等各个环节的作业中产生的大量信息进行及时、有效地收集、处理和分析,是实现"缩短在途时间、实现零库存,及时供货与保持供应链的连续与稳定"等现代物流管理目标的重要保证。本任务要求:

①了解物流装备技术。

②了解物流信息技术。

一、考察物流技术

物流技术是指物流活动中所采用的自然科学与社会科学方面的理论、方法,以及设施、设备装置与工艺的总和。随着物流业的迅猛发展,现代物流技术正在向集成化、自动化、高效化、智能化、拟人化、虚拟化、绿色化、柔性化和标准化方向发展。

1907年,美国人吉术·凯西创立了UPS,即联合包裹公司。创业初期,公司仅有一辆货车和几辆摩托车，主要为西雅图百货公司运送货物。发展中期，每天有 120 万件包裹和文件的运送量，每天还需要租用 300 多架包机；公司在美国国内和世界各地建立了 18 个空运中转中心，每天开出 1 600 个航班，使用 610 处机场。现在，UPS 的 34 万名工作人员分布在全球 2 400 多个分送中心，他们每天驾驶着 16 万辆运送车、610 架飞机，昼夜不停地为 200 多个国家和地区的客户提供门到门的收件、送件服务。UPS 每日上门取件的固定客户逾 130 万家，每个工作日处理包裹 130 万件，每年运送 30 亿的包裹和文件，成为年营业额 270 亿美元的巨型公司。

目前 UPS 的固定资产达 126 亿美元，在全球快递业中独占鳌头。UPS 的经营之所以取得巨大成功，是与其富有特色的物流服务密切相关的。它的物流服务特色，概括为以下 5 个方面：

（1）货物传递快捷

UPS 规定国际快件 3 个工作日内送达目的地，国内快件保证在翌日上午 8 点以前送达。在美国国内接到客户电话后，UPS 可以在 1 小时内上门取件，并当场用微型计算机办理好托运手续。为了测试 UPS 的快递究竟快不快，UPS 总裁曾于一个星期三在北京向美国给自己寄了一个包裹，星期五当他回到亚特兰大公司总部上班时，包裹已经出现在他的办公桌上。20 世纪 90 年代，UPS 又在 180 个国家，开设了 24 小时服务的“下一航班送达”业务。UPS 坚持“快速、可靠”的服务准则，获得了“物有所值的最佳服务”的声誉。

（2）报关代理和信息服务

UPS 从 20 世纪 80 年代末起投资数亿美元建立起全球网络和技术基础设施，为客户提供报关服务。UPS 建立的“报关代理自动化系统”使其承运的国际包裹的所有资料都进入这个系统，这样，清关手续在货物到达海关之前就已经办完。UPS 的计算机化为企业节省了时间，提高了效益。UPS 有 6 个清关代理中心，每天办理两万个包裹的清关手续。

（3）货物即时追踪服务

UPS 的即时追踪系统是目前世界上快递业中最大、最先进的信息追踪系统。所有交付货物只能获得一个追踪号码，货物走到哪里，这个系统就跟到哪里。这个追踪系统已经进入全球互联网络，每天有 1.4 万人次通过网络查询他们的包裹行踪。非互联网络用户可以用电话咨询“客户服务中心”，路易斯维尔的服务中心昼夜服务，200 多名职员每天用 11 种语言回答世界各地的客户大约两万次电话查询。

（4）先进的包裹管理服务

UPS 建立的亚特兰大“信息数据中心”可将 UPS 系统包裹的档案资料从世界各地汇总到这里。包裹送达时，物流员工借助一个类似笔记本电脑的“传递信息读取装置”提取客户的签字，再通过邮车上的转换器将签名直接输送到“信息数据中心”，投递实现了无纸化操作。送达后，有关资料将在数据中心保存 18 个月。这项工作使包裹的管理工作更加科学化，也提高了 UPS 服务的可靠性。

(5)包装检验与设计服务

UPS 设在芝加哥的"服务中心"数据库中,抗震的、抗挤压的、防泄漏的各种包装案例应有尽有。服务中心还曾经设计水晶隔热层的包装方式,为糖果、巧克力的运输提供恒温保护;用坚韧编织袋包装,为 16 万件转换器提供了经得起双程磨损的材料,这类服务为企业节省了材料费和运输费,被誉为"超值服务"。

UPS 过去是一家拥有技术的货车运输公司,现在,它是一家拥有货车的技术型公司。UPS 提供的快递服务,已经成为美国人日常生活中须臾不可离的东西。

①UPS 在货物运送方面,制订了怎样的时间标准?

②上述标准对 UPS 来说是能够实现吗?

③UPS 如何通过有特色的物流服务使顾客受益?

④UPS 如何实现快速通关?

【学路领航】

按物流技术的属性通常分为硬技术和软技术。

(1)物流硬技术

物流硬技术是指人们在物流活动中所使用的各种工具、设备、设施和其他物质手段等。

基础设施包括:铁路、公路、航道、航线等线路,通道设施,以及仓库、场站、港口、机场、物流中心、物流园区等节点设施。

装载工具包括:汽车、铁路机车车辆、船舶、飞机、集装箱及其他集装器具等。

机械设备包括:运输机械、装卸搬运机械、包装机械、仓储机械、流通加工机械、计量设备等。

信息设备包括:物流信息采集、传输、跟踪处理等设备。

材料包括:包装材料、集装材料、加工材料等。

(2)物流软技术

物流软技术是指在物流活动中所采用的有科学知识和劳动经验发展而成的各种技能、作业程序和现代管理方法等。

物流系统规划技术包括:物流设施布置规划技术、物流系统仿真技术、物流系统优化技术等。

现代物流管理技术包括:运输工具、装卸方法的合理选择与运用、物流预计技术、有效客户反应技术、库存管理与控制技术、供应链一体化管理技术、劳动管埋技术、质量管理与控制技术。

物流系统评价技术包括:物流成本计算与跟踪技术、物流运营指标分析评定技术、物流解决方案及物流系统评价技术等。

物流信息化技术包括:物流信息标志及识别技术(条码技术和无线射频技术)、计算机网络技术、多媒体技术、地理信息技术(GIS)、全球卫星定位技术(GPS)、电子数据交换技术(EDI)等。

物流技术源于机械技术、电子技术、信息及通信技术、自动控制技术、计算机技术、管理学理论和方法以及应用数学方法等。

按技术来源或科学原理分类,物流技术可分为物流机械技术、物流电子技术、物流信息技术、物流自控技术、物流计算机技术和数学方法等。

按物流系统功能要素分类,物流技术可分为运输技术、仓储技术、装卸搬运技术、包装技术、配送技术、流通加工技术及物流信息技术。

【眼下留神】

- 每一项物流技术中都包括相应的硬技术和软技术。
- 物流技术不是一种独立的新技术,而是各种技术在物流领域中的综合运用。

【日积月累】

- 物流技术与装备只是提高物流运作效率的一种工具。
- 物流技术一般是指与物流要素活动有关的所有专业技术的总称,可以包括各种操作方法、管理技能等,如流通加工技术、物品包装技术、物品标志技术、物品实时跟踪技术等,此外,还包括物流规划、物流评价、物流设计、物流策略等。随着计算机网络技术的应用普及,物流技术中综合了许多现代技术,如GIS(地理信息系统)、GPS(全球卫星定位系统)、EDI(电子数据交换)、Bar Code(条码)等。

二、考察物流装备技术

2005年,为了满足服饰业务不断增长的需求,中国纺织服饰的龙头企业——雅戈尔集团决定重建全新的企业物流体系。该项目自2006年5月正式动工,到2007年8月建成并成功上线运行,仅用了15个月。这一国内服饰行业首座大型自动化物流配送中心成功运行后,其服饰物流体系示范效益和物流装备技术备受业界瞩目。雅戈尔物流配送中心占地5 900平方米,建筑面积17 300平方米,可实现库存200万件成衣、年配送2 000万件成衣的目标。其中,自动化物流系统采用了27米高的自动化立体仓库、整箱拣选、电子标签拆零拣选和楼层自动输送分拣系统等自动化物流设备,并通过服饰库存管理控制系统与上级生产ERP系统、下级销售DRP系统的无缝连接,实现了商流、物流、信息流的高度集成,使物流中心的各个环节和作业过程井然有序,高效流畅。

①雅戈尔建立这样一个配送中心的必要性在哪里?

②现代物流装备技术给现代物流带来了怎样的变化?

【学路领航】

1. 仓储装备

仓储是指通过特定场所储存和保管物资和商品的行为,是对有形物品提供存放场所、存取物品过程和对存放物品的保管、控制的过程。

(1)仓库设备

仓库是指保管、存储物品的建筑物和场所的总称。仓库的具体形式包括库房、料棚、货场等。库房是有屋顶和围护结构,供储存各种物品的封闭式建筑物。料棚是供储存某些物品的简易建筑物,一般没有或只有部分围壁。货场是用于存放某些物品的露天场地。

随着现代化仓库的建立,仓库设备也在日益更新,朝着经济、适用、安全可靠、合理、稳定等方面发展。仓库设备在仓储功能中起着非常重要的作用。

①货架

货架是指用支架、隔板或托架组成的立体储存货物的设施。

按货架的发展货架可分为传统货架和新型货架。传统货架包括:层架、层格式货架、抽屉式货架、橱柜式货架、U 形架、悬臂架、栅架、鞍架、气罐钢筒架、轮胎专用货架等。新型货架包括:旋转式货架、移动式货架、装配式货架、调节式货架、托盘货架、进车式货架、高层货架、阁楼式货架、重力式货架、屏挂式货架等。

按货架的可动性分为固定式货架、移动式货架、旋转式货架、组合货架、可调式货架、流动储存货架等。

常用的货架有层架、托盘货架、阁楼式货架、悬臂式货架、移动式货架、重力式货架、驶入式货架和驶出式货架、旋转式货架、组合式货架、高层立体货架。

②非动力装卸搬运设备

非动力搬运车主要包括双轮手推车、四轮手推车、平板手推车等。

③托盘

托盘是一种在其上放置货物并作为一单元负荷的水平平台装置。在平台上集装一定数量的货物,并按要求捆扎加固,组成一个运输单位,便于运输过程中使用机械进行装卸、搬运和堆存。托盘是一种典型的集装器具,在仓储、装卸、搬运中广泛应用。

④堆垛机

堆垛机是专门用来堆码货垛或提升货物的机械。这种机械的特点是构造轻巧,能在很窄的走道内操作,减轻堆垛工人的劳动强度,且堆码或提升高度较高,仓库的库容利用率较高,作业灵活,在中小型仓库内广泛使用。

(2)堆场设备

堆场的主要设备是集装箱,又称货柜、货箱,它具有一定的强度和刚度,是专门供周转使用并便于机械操作和运输的大型货物容器。

集装箱种类很多,分类方法多种多样,按所装货物种类分为干货集装箱、散货集装箱、液体货集装箱、冷藏箱集装箱，以及一些特种专用集装箱；按结构分为固定式集装箱、折叠式集装箱、薄壳式集装箱；按用途分为冷冻集装箱、挂衣集装箱、开顶集装箱、框架集装箱、罐式集装箱、冷藏集装箱、平台集装箱、通风集装箱、保温集装箱。

2. 装卸搬运设备

(1) 叉车

叉车是人们常用的搬运车辆之一，是成件托盘货物进行装卸、堆垛和短距离运输、重物搬运作业的各种轮式搬运车辆。

叉车通常可以分为三大类：内燃叉车、电动叉车和仓储叉车。

(2) 起重装备

起重机是指在一定范围内垂直提升和水平搬运重物的多动作起重机械，又称为吊车。它属于物物搬运机械。起重机的工作特点是做间歇性运动，即在一个工作循环中取料、运移、卸载等动作的相应机构是交替工作的。

起重设备按起重性质分为流动式起重机、塔式起重机、挽杆式起重机；按结构形式分为轻小型起重设备、桥架式（桥式、门式起重机）、臂架式（自行式、塔式、门座式、铁路式、浮船式、挽杆式起重机）、缆索式。

(3) 输送设备

输送设备是一种摩擦驱动以连续方式运输物料的机械。应用它可以将物料在一定的输送线上，从最初的供料点到最终的卸料点间形成一种物料的输送流程。它既可以进行碎散物品的输送，也可以进行成件物品的输送。除进行纯粹的物料输送外，还可以与各工业企业生产流程中的工艺过程的要求相配合，形成有节奏的流水作业运输线。

常见的输送设备有管链输送机、皮带输送机、滚筒输送机、斗式提升机、螺旋输送机、板链斗式提升机。

3. 包装设备

包装设备是指能完成全部或部分产品和商品包装过程的设备。包装过程包括充填、裹包、封口等主要工序。产品包装操作机械化可以提高包装工作效率和包装质量，是促进产品生产与流通的积极措施。产品包装机械的种类很多，分为充填机（容积式充填机、称重式充填机、计数充填机）、灌装机、封口机、裹包机、多功能包装机、贴标签机、清洗机、干燥机、杀菌机、捆扎机、集装机。

4. 分拣装备

常见的分拣装备有电子标签拣货系统、台车拣取系统、自动分拣系统等。

(1) 电子标签拣货系统

电子标签拣货系统是一组安装在货架储位上的电子设备，通过计算机与软件的控制，借由灯号和数字显示作为辅助工具，引导拣货工人正确、快速、轻松地完成拣货工作。

(2)台车拣取系统

台车拣取系统是指附有显示装置的拣取车辆,装有显示器及控制盘。从显示器上指示储存货架及应该拣取的数量,作业人员根据其指示进行拣取。

(3)自动分拣系统

物流中心每天接收成百上千家供应商或货主通过各种运输工具送来的成千上万种商品,在最短的时间内将这些商品卸下并按商品品种、货主、储位或发送地点快速准确地分类,将这些商品运送到指定地点(如指定的货架、加工区域、出货站台等),同时,当供应商或货主通知物流中心按配送指示发货时,自动分拣系统在最短的时间内从庞大的高层货存架存储系统中准确找到要出库的商品所在位置,并按所需数量出库,将从不同储位上取出的不同数量的商品按配送地点的不同运送到不同的理货区域或配送站台集中,以便装车配送。

5. 条形码识读装备

普通的条形码阅读器通常采用光笔、CCD 和激光 3 种技术,它们都有各自的特点。

(1)光笔条形码扫描器

光笔条形码扫描器是一种轻便的条形码读入装置,在光笔内部有扫描光束发生器及反射光接收器。光笔类条形码扫描器使用时,要求扫描器与待识读的条码接触或离开一个极短的距离。

(2)手持式条形码扫描器

手持式条形码扫描器内一般都装有控制扫描光束的自动扫描装置,阅读条形码时不需与条码接触。扫描头与条形码标签的距离短的为 0 ~ 20 mm,而长的可达到 500 mm 左右。

(3)台式条形码自动扫描器

台式条形码自动扫描器适合于不便使用手持式扫描方式阅读条形码的场合,可以安装在生产流水线传送带的某一固定位置,等待附有条形码标签的待刷物体以平稳、缓慢的速度进入扫描范围,对自动化生产流水线进行控制。

(4)激光枪扫描器

激光枪属于手持式自动扫描的激光扫描器。激光扫描器是一种远距离条形码阅读设备,其性能优越,被广泛使用。其优点有:识读距离适应能力强,具有穿透保护膜识读能力,识读的精度和速度较易提高。缺点是对识读的角度要求比较严格,只能识读排式二维条形码和一维条形码。

(5)卡式条形码阅读器

集磁卡、条码卡、ID 卡译码及数据发送功能于一体,支持双向刷卡操作。这种阅读器内部的机械结构能保证标有条形代码的卡式证件或文件在插入滑槽后自动沿轨道做直线运动,在卡片前进过程中,扫描光点将条形码信息读入。

(6)便携式条形码阅读器

便携式条形码阅读器由一个扫描器、一个译码器和数据存储器组成,且由电池供电,这种条形码译码器能将所采集的数据先存储于内部的数据存储器中,然后在适当的时候将数据传送给计算机。便携式条形码阅读器通常适用于将此装置带到符号前进行阅读的场合,如库存清点。

【眼下留神】

物流机械设备是进行各项物流活动所需的机械设备、器具等可供长期使用,并在使用中基本保持原有食物形态的物质资料,不包括建筑物、装卸台等物流基础设施。

- 物流机械设备的操作一定要规范,保证人员和货物安全。
- 物流设备的应用可以降低劳动强度,但不能完全脱离人力劳动。

【日积月累】

- 现代物流技术的评价标准:

先进性:主要包括技术功能性、稳定性、可靠性、拓展性、安全性等方面。

经济性:一是要考虑采用某项物流技术时的投资规模;二是要考虑企业的物流规模和发展方向;三是要考虑在应用过程中的费用问题。

适用性:物流技术的应用应适合物流的现实经济状况。

- 成像技术:另一个对物流产生巨大影响的技术是图像处理,它使得企业可以对关键文件进行扫描,形成电子图像。
- 现代物流企业设施与设备,是指企业在进行物流作业活动、实现物流功能过程中所使用的各种设施与装备的总称。它是组织实施物流活动的重要手段,是现代物流企业实现经营目标和生产计划的技术保障和物质基础。

三、考察物流信息技术

由浙江工商大学和浙江省烟草公司杭州分公司联合承担的2003年杭州市科技发展计划项目“基于现代信息技术的物流配送系统”获得了2004年中国物流与采购科技进步一等奖和全国商业科学技术进步一等奖。该项目在企业内部网和杭烟配送地理信息系统(GIS)的支持下,通过输入卷烟配送中心零售网点的数量、地理位置、历史需求量等参数,以配送车辆容载量和送货线路工作量为目标函数,系统运行后即输出所有配送网,不同配送线路划分,指出不同配送线路包含的零售网点个数及名称,输出每日每次配送车辆的调度方案,并在GIS上可视化输出,实现卷烟配送车辆的实时优化调度。

①你认为物流信息技术的发展和在全球的普及应用对物流活动会产生或已经产生了哪些影响?

②请你通过日常生活、Internet、图书馆等途径查询与物流信息技术相关的资料,谈一谈你对物流信息技术的认识。

【学路领航】

物流信息是指与物流活动(运输、保管、包装、装卸、流通加工等)有关的信息。对运输管理、库存管理、订单管理、仓库作业管理等物流活动具有支持保证的功能。

1. 条形码技术

条形码是由一组按一定编码规则排列的条、空符号,用以表示一定的字符、数字及符号组成的信息,如图 5-2 所示。

图 5-2　条形码

条形码具有可读性高、可靠性高、经济性好、易于实现自动化、灵活性高、输入速度快等特点。常见的条形码有 EAN 码、三九码、交叉二五码、UPC 码、128 码、九三码及库巴码等。

(1)通用商品条形码

我国采用国际上通用的商品代码-EAN 码。它代表的意思如图 5-3 所示。

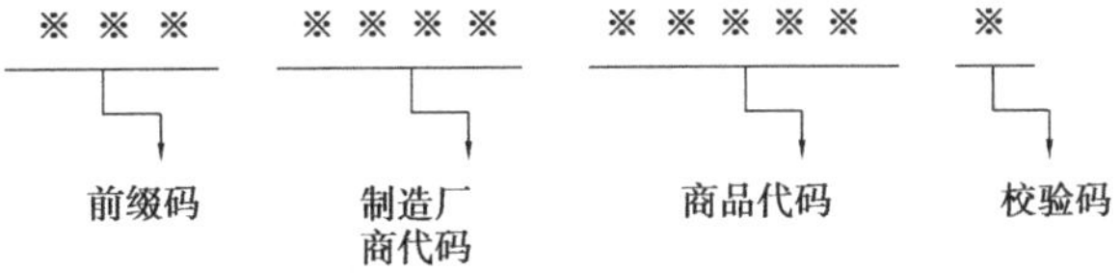

图 5-3　通用商品条形码的含义

(2)物流条形码

物流条码,是物流活动中用以标志物流过程中具体实物的一种特殊代码,是从制造厂家到运输、仓储、配送、销售整个物流活动中的共享数据。商品条形码和物流条形码的区别见表 5-1。

表 5-1　商品条形码和物流条形码的区别

	应用对象	数字网状	包装网状	应用领域
商品条形码	消费者	13 位数字	单个包装	POS 系统、补充订货管理
物流条形码	物流过程	14 位数字	集合包装	出入库管理、运输保管分拣管理

(3)二维条码

二维条码(二维码)是用某种特定的几何图形按一定规律在平面(二维方向)分布的黑白相间的图形记录数据符号信息的条码,如图 5-4 所示。

图 5-4　二维码

二维码具有储存数据量大,信息密度高,具备纠错能力,安全性高,支持多种文字,包括英文、中文、数字等优点。

2. EDI

EDI 是一套报文通信工具,利用计算机的数据处理和通信功能,将交易双方彼此往来的文档(如询价单或订货单等)转成标准格式,并通过通信网络传输给对方。EDI 的工作方式如图 5-5 所示。

EDI 由数据标准化、EDI 软件及硬件、通信网络组成。

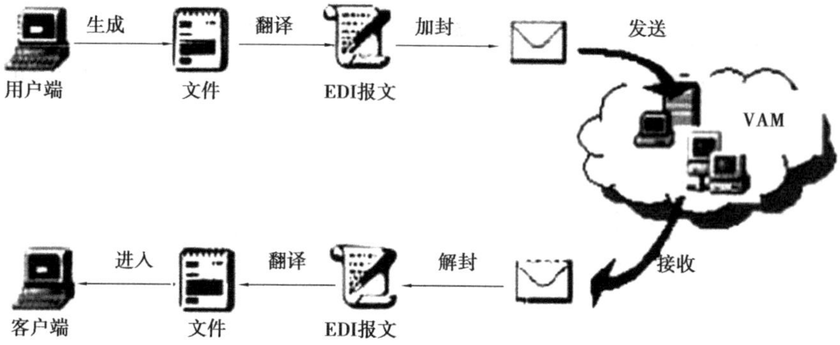

图 5-5　EDI 的工作方式

3. GPS

全球卫星定位系统(Global Positioning System,GPS)是利用多颗通信卫星对地面分析的状况进行精确测定的系统。它可以实现运行车辆的全程跟踪监视,并通过相关数据和输入的其他系统进行交通管理,如图 5-6 所示。

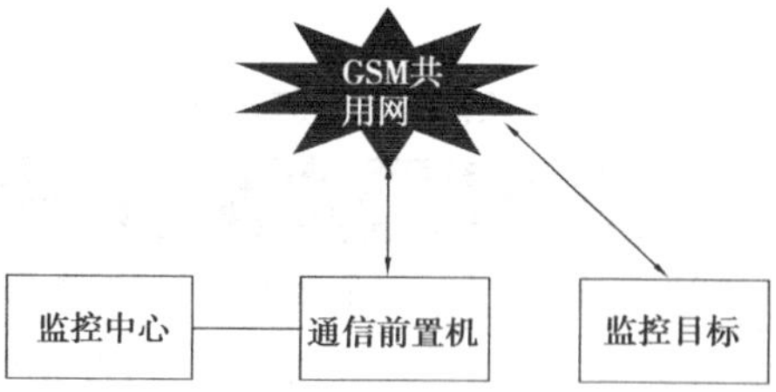

图 5-6　GPS 工作图

4. GIS

地理信息系统(Geographic Information System,GIS),面向空间相关信息,采集、存储、检查、操作、分析和显示地理数据的系统,如图 5-7 所示。

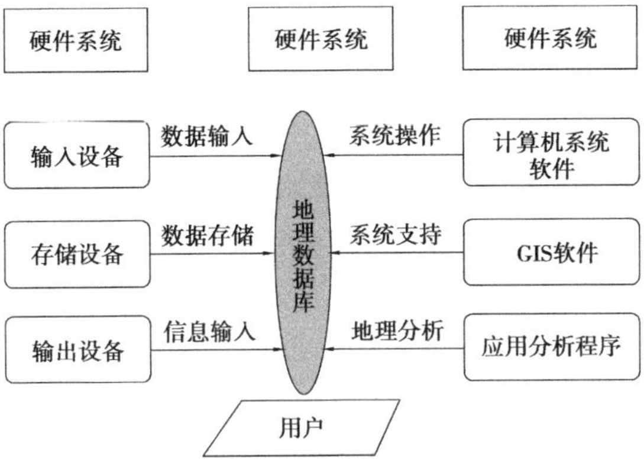

图 5-7 GIS 工作图

【眼下留神】

• 信息活动就是信息收集、加工处理、存储、传递和反馈的过程。

• 物流信息化的现状:绝大部分企业信息化意识普遍提高,信息化进程加快,但仍处于初级阶段。

• 一维码可通过校验字符进行错误校验,没有纠错能力。

• 矩阵式二维码仅能用图像扫描器识读。

【日积月累】

• 物流云计算平台是面向各类物流企业、物流枢纽中心及各类综合性企业的物流部门等的完整解决方案,依靠大规模的云计算处理能力、标准的作业流程、灵活的业务覆盖、精确的环节控制、智能的决策支持及深入的信息共享来完成物流行业的各环节所需要的信息化要求。

• GIS 是多学科的交叉产物,它是以地理空间数据为依据为基础,采用地理模型分析方法,适时提供多种空间和动态的地理信息,为地理研究和地理决策服务的计算机系统。

• 计算机应用系统是实现 EDI 的前提条件,通信网络是 EDI 实现的基础,EDI 标准化是实现 EDI 的关键。这 3 个方面相互衔接、相互依存,构成 EDI 的基础框架。

项目六

网络营销

【学习要点】

市场营销是为实现个人和组织的交易而规划和实施创意、产品、服务构想、定价、促销和分销的过程。随着计算机网络的发展,信息社会的内涵有了进一步改变。在信息网络时代,网络技术的应用改变了信息的分配和接收方式,改变了人们的生活、工作、学习、合作和交流的环境。网络营销已经成为企业常用的营销方式之一。网络营销不受时间和空间限制,在很大程度上改变了传统营销的形态和业态。网络营销对企业来讲,会提高工作效率,降低成本,扩大市场,给企业带来社会效益和经济效益。相对于传统营销,网络营销具有国际化、信息化和无纸化,已经成为各国营销发展的趋势。网络营销是电子商务的重要环节之一。

学习完本项目后,你将能够:

- 描述网络营销的概念。
- 知道网络营销的主要形式。
- 能对主流网络营销手段作合理选择。
- 知道常用的营销策略。

任务一　认识网络营销

市场营销是为个人和组织实现交易而规划和实施创意、产品、服务构思、定价、促销和分销的过程。对于如此巨大和快速发展的网络市场,传统的市场营销的理论、方法和手段已经很难发挥其作用,而依托 Internet 的发展产生的网络营销以 Internet 为媒介,以新的方式、方法和理念,针对网络市场的特征实施营销活动,可以更有效地促成个人和组织交易活动的实现。本任务要求你:

①理解网络营销的概念。

②知道网络营销的特点。

一、认识网络营销

网络营销根据其实现方式有广义和狭义之分,广义的网络营销是指企业利用一切计算机网络(包括 Intranet 企业内部网、EDI 行业系统专线及 Internet 国际互联网)进行营销活动。而狭义的网络营销专指国际互联网络营销(国际互联网,全球最大的计算机网络系统),是指组织或个人基于开发便捷的 Internet,对产品、服务所做的一系列经营活动,从而达到满足组织或个人需求的全过程。网络营销是企业整体营销战略的一个组成部分,是建立在 Internet 基础之上借助于 Internet 特性来实现一定营销目标的营销手段。

王老吉是一个百年凉茶品牌,发明于清道光年间(1828 年),距今已有 184 年历史,有“凉茶王”之称。王老吉虽有百年历史,但在很长一段时间内,王老吉仅在广东、浙南等区域市场内小有名气,在发展到一定规模后,企业受到产品概念模糊、区域消费者认识不同等原因的影响,想要继续发展,走向全国很困难。如何找到突破口,让百年品牌在全国打响名号?王老吉作了种种努力,将定位调整为预防上火的饮料后,进行一系列“怕上火,喝王老吉”的广告运动,成功提升了销量。

但真正使王老吉一跃成为国产饮料第一品牌的是 2008 年王老吉一举成名的网络营销战。2008 年 5 月 12 日,汶川地震发生,在 5 月 18 日的赈灾募捐晚会上,1 亿元的巨额捐款,让王老吉背后的生产商广东加多宝集团一夜成名。就在加多宝宣布捐款 1 亿元的时候,社会公益产生的口碑效应立即在网络上蔓延,许多网友第一时间搜索王老吉的相关信息,结果是消息传出 10 分钟后,王老吉网站被瞬间刷爆。“要捐就捐 1 个亿,要喝就喝王老吉!”“中国人,只喝王老吉”等言论迅速得到众多网友追捧,王老吉的知名度迅速提升,随之而来的企业形象也被无限放大。这一网络营销事件使王老吉红遍全国,一战成名,迅速占领了全国消费者的视线,在 2008 年王老吉销量便突破 100 亿元大关,成为最成功的网络营销案例典型代表。“善用民意”王老吉网络力量助推情感营销。第二天在一些网站论坛,不断流行着这样一个名为《封杀王老吉》的帖子:“王老吉,你够狠!捐 1 个亿,胆敢是王石的 200 倍!为了整治这个嚣张的企业,买光超市的王老吉!上一罐买一罐!不买的就不要顶这个帖子啦!”这热帖被各大论坛纷纷转载。从当时的百度搜索统计上不难看出,“王老吉”的搜索量在 5 月 18 日之后直线上升,而《封杀王老吉》的流量曲线与“王老吉”几乎相当。3 个小时内,百度贴吧关于王老吉的发帖总量超过 14 万。天涯社区、奇虎论坛、百度贴吧等发帖都集中在 5 月 23 日 18 点之前开始,不断出现王老吉断销的新闻。王老吉几乎一夜间红遍大江南北,甚至有网友在 MSN 上签名号召喝罐装王老吉。而在这场病毒式传播背后,其实是一场网络营销行动。

①你认为 Internet 的发展和在全球的普及应用对市场营销活动会产生或已经产生了哪些影响?

②你认为王老吉取得成功的因素有哪些?

③请你通过 Internet、图书馆等途径查询与网络营销相关的资料,谈一谈你对网络营销的认识。

【学路领航】

网络营销是以现代电子技术和通信技术的应用与发展为基础,与市场的变革、市场竞争以及营销观念的转变密切相关的一门新学科。它是以现代营销理论为基础,借助网络、通信和数字媒体技术实现营销目标的商务活动，是科技进步、顾客价值变革、市场竞争等综合因素促成的，是信息化社会的必然产物。

20世纪90年代以来，随着Internet应用的日益普及，以及通信技术的快速发展，Internet为人们快速和方便的信息沟通提供了良好的平台，通过Internet，人们可以实现文字、图片、声音和视频等信息的传递以及实时沟通。近10年来，电子商务迅速发展，改变了过去工业化社会传统、物化的营销模式，使人们的生活逐渐步入数字化的时代。市场营销与Internet不可避免地结合到一起，可以说Internet的迅猛发展使市场营销逐步走入网络时代，网络营销应运而生。

网络营销作为新的营销方式和营销手段实现企业营销目标，它的内容非常丰富。一方面，网络营销要针对新兴的网上虚拟市场，及时了解和把握网上虚拟市场的消费者特征和消费者行为模式的变化，为企业在网上虚拟市场进行营销活动提供可靠的数据分析和营销依据；另一方面，网络营销在网上开展营销活动实现企业目标，而网络具有传统渠道和媒体所不具备的独特的特点：信息交流自由、开放和平等，而且信息交流费用低廉，信息交流渠道既直接又高效。

(1)网上市场调查

网上市场调查主要是利用Internet交互式的信息沟通渠道来实施活动。它包括直接在网上通过问卷进行调查，还可以通过网络来收集市场调查中需要的一些二手资料。利用网上调查工具，可以提高调查效率和调查效果。Internet作为信息交流渠道，成为信息海洋。在利用Internet进行市场调查时，重点是如何有效利用工具和手段实施调查和收集整理资料，获取信息不再是难事，关键是如何在信息海洋中获取想要的资料信息和分析出有用的信息。

(2)网上消费者行为分析

Internet用户作为一个特殊群体，它有着与传统市场群体截然不同的特性。要开展有效的网络营销活动必须深入了解网上用户群体的需求特征、购买动机和购买行为模式。Internet作为信息沟通工具，正成为许多兴趣、爱好趋同的群体聚集交流的地方，并且形成一个特征鲜明的网上虚拟社区，了解这些虚拟社区的群体特征和偏好是网上消费者行为分析的关键。

(3)网络营销策略制订

不同企业在市场中处于不同地位，在采取网络营销实现企业营销目标时，必须采取与企业相适应的营销策略。同时，企业在制订网络营销策略时，还应该考虑产品周期对网络营销策略制订的影响。

(4)网络营销管理与控制

网络营销作为在Internet上开展的营销活动，必将面临许多传统营销活动无法碰到的新问题。

【眼下留神】

- 网络营销不等同于网络销售。
- 网络营销是在市场营销的基础上发展起来的。
- 网络营销不能替代传统营销。
- 网络营销不是孤立存在的。

【日积月累】

网络营销涉及的范围较广，所包含的内容较丰富，主要表现在以下两个方面：第一，网络营销要针对新兴的网上虚拟市场，及时了解和把握网上虚拟市场的消费者特征和消费者行为模式的变化，为企业在网上虚拟市场进行营销活动提供可靠的数据分析和营销依据；第二，网络营销依托网络开展各种营销活动来实现企业目标，而网络的特点是信息交流自由、开放和平等，而且信息交流费用低廉，信息交流渠道既直接又高效，在网上开展营销活动，必须改变传统营销的手段和方式。

网络营销与传统营销是一个整合的过程，即使在今后可预见很长的一段时期，网络营销和传统营销互相影响、互相补缺和互相促进，直至将来最后实现相互融合的内在统一。网络营销不可能完全取代传统营销。

网络营销的基本职能表现为：网络品牌、网站推广、信息发布、销售促进、网上销售、顾客服务、顾客关系和网上调研。

二、认识网络营销的特点

2007 年 5 月 4 日，大众汽车在自己的网站上发布最新两款甲壳虫系列——亮黄和水蓝，首批新车一共 20 辆，均在线销售。这是大众汽车第一次在自己的网站上销售。网站采用 Flash 技术来推广这两款车型，建立虚拟的网上试用驾车。将动作和声音融入活动中，让用户觉得他们实际上是整个广告的一个部分。用户可以自由选择网上试用驾车的不同环境，高速公路、乡间田野或其他不同场景。网上试用驾车使得网站流量迅速上升。每天独立用户平均为 470 个，每个用户花费时间翻倍，达到 19 分钟，每页平均浏览 1.25 分钟，并最终成功生成了 25 份在线订单。

①大众第一次在自己的网站上采取了什么措施销售产品而获得成功？

②你尝试过在线体验吗？试一试，并写出体验感受。

③请查阅相关资料，了解网络营销的特点。

【学路领航】

1. 市场的全球性

营销的最终目的是占有市场份额，由于 Internet 具有超越时间约束和空间限制进行信息交换的特点，因此使得脱离时空限制达成交易成为可能，企业能有更多的时间和更大的空间进行营销,可24小时随时随地提供全球性营销服务。

2. 资源的整合性

Internet 上的营销可由商品信息至收款、售后服务一气呵成,是一种全程的营销渠道。另外,企业可以借助 Internet 将不同的传播营销活动进行统一设计规划和协调实施,以统一的传播咨询向消费者传达信息,避免不同传播的不一致性而产生的消极影响。

3. 明显的经济性

通过 Internet 进行信息交换,代替以前的实物交换,一方面可以减少印刷与邮递的成本,可以无店销售、免交租金、节约水电与人工成本;另一方面可以减少由迂回多次交换带来的损耗。

4. 交互性

Internet 可以展示商品目录,连接资料库,提供有关商品信息的查询,可以和顾客作互动双向沟通,可以收集市场情报,可以进行产品测试与消费者满意调查等,是产品、设计、商品信息提供以及服务的最佳工具。

5. 成长性

Internet 使用数量快速成长并遍及全球,使用者多半年轻,且具有较高的教育水平。由于这部分群体购买力强而且具有很强的市场影响力,因此是一个极具开发潜力的市场。

6. 超前性

Internet 是一种功能强大的营销工具,它同时兼具渠道、促销、电子交易、互动顾客服务以及市场信息分析与提供的多种功能。它所具备的一对一营销能力,正是符合定制营销与直复营销的未来趋势。

【眼下留神】

网络营销是建立在高技术作为支撑的 Internet 的基础上的,企业实施网络营销必须有一定的技术投入和技术支持,改变传统的组织形态,提升信息管理部门的功能,引进懂营销与计算机技术的复合型人才,这样才能具备市场竞争优势。

在网络交互时,需要及时有效,避免客户选择其他商家。

【日积月累】

电子商务下的企业营销最显著的特点是网络互动营销。顾客的欲望和需求可以通过网络立即到达营销者,营销者可以立即针对顾客需要制订或修改产品、价格和销售方案,通过交流达成充分的理解。

网络技术的发展使消费者的个性化需求成为可能,消费者由原来的被动接收转变为主动参与,顾客不必等待企业的帮助就可以自行查询所需产品的信息,还可以根据自己的需求自下订单,参与产品的设计制造和更新换代,使企业的营销环节大为简化。

任务二　考察网络营销方法

网络营销的方法有很多,如搜索引擎营销、网络广告、电子邮件营销、网上拍卖、网上商店、网络分类广告等,网络营销方法也可以按照多种不同方式进行分类。例如,根据企业是否建立网站分类,将网络营销方法分为无站点网络营销和基于企业网站的网络营销。

本任务要求你:

①熟悉网络营销方法。

②了解各种网络营销方法的效果。

小米手机是小米公司(全称北京小米科技有限责任公司)研发的一款高性能发烧级智能手机。小米手机在 2011 年 8 月发布,售价 1 999 元,主要针对手机发烧友,采用线上销售模式。通过 Internet 模式的运营手段使得一个新生产不久的手机品牌变成了广为人知的甚至被疯狂追捧的知名品牌,小米手机的运营模式一直为业界津津乐道。在中国国际通信展 ICT 论坛移动 Internet 分论坛上,小米科技总裁林斌分享了小米是如何利用 Internet 手段做营销的。林斌表示,在产品的设计过程中,小米创新性地引入了用户的观点。在小米手机论坛上,每周都可以看到两三千篇用户反馈的帖子,其中不乏一些深度的使用体验报告。在一些重要功能的确定上,小米工程师通过在论坛上发起投票等方式收集用户反馈,最终确定产品功能形态。林斌说:“有大量的功能讨论是用户参与的功能讨论,在我们的论坛上进行。”

①小米手机为什么会取得成功?

②你还知道哪些营销方法?

【学路领航】

网络营销常见的形式有以下 15 种:搜索引擎营销、即时通信营销、网络病毒式营销、BBS 营销、网络博客营销、聊天群组营销、网络知识性营销、网络事件营销、网络口碑营销、网络直复性营销、网络视频营销、网络图片营销、网络软文营销、RSS 营销和 SNS 营销。

(1)搜索引擎营销

搜索引擎营销是目前最主要的网站推广营销手段之一,尤其是基于自然搜索结果的搜索引擎推广,因为是免费的,所以受到众多中小网站的重视。搜索引擎营销方法也成为网络营销方法体系的主要组成部分。

搜索引擎营销的主要方法包括:竞价排名、分类目录登录、搜索引擎登录、付费搜索引擎广告、关键词广告、搜索引擎优化(搜索引擎自然排名)、地址栏搜索、网站链接策略等。

(2)即时通信营销

即时通信营销又称 IM 营销,是利用 Internet 即时聊天工具进行推广宣传的营销方式,如 QQ、MSN 营销等。

即时通信营销常用的主要有以下两种情况:

第一种,网络在线交流。中小企业建立了网店或者企业网站时一般会有即时通信在线,这样潜在的客户如果对产品或者服务感兴趣自然会主动和在线的商家联系。

第二种,广告。中小企业可以通过 IM 营销通信工具,发布一些产品信息、促销信息,或者可以通过图片发布一些网友喜闻乐见的表情,同时加上企业要宣传的标志。

(3)网络病毒式营销

网络病毒式营销是一种常用的网络营销方法,常用于进行网站推广、品牌推广等,网络病毒式营销利用的是用户口碑传播的原理,在 Internet 上,这种"口碑传播"更为方便,可以像病毒一样迅速蔓延。网络病毒式营销(病毒性营销)成为一种高效的信息传播方式。这种传播是用户之间自发进行的,几乎是不需要费用的网络营销手段。

网络病毒式营销的巨大威力就像一颗小小的石子投入了平静的湖面,一瞬间似乎只是激起了小小的波纹,转眼湖面又恢复了宁静,但是稍等片刻,你就会看到波纹在不断进行着层层叠叠的延展,短短几分钟,整个湖面都起了震荡。这就是网络病毒式营销的魅力。

2008 年 3 月 24 日,可口可乐公司推出了火炬在线传递。这个活动堪称经典的网络病毒性营销案例。如果你争取到了火炬在线传递的资格,将获得"火炬大使"的称号,头像处将出现一枚未点亮的图标,之后就可以向你的一个好友发送邀请。

(4)BBS 营销

BBS 营销又称论坛营销,就是利用论坛这种网络交流平台,通过文字、图片、视频等方式传播企业品牌、产品和服务的信息,从而让目标客户更加深刻地了解企业的产品和服务,最终达到宣传企业品牌、产品和服务的效果,加深市场认知度的网络营销活动。

BBS 营销就是利用论坛的人气,通过专业的论坛帖子策划、撰写、发放、监测、汇报流程,在论坛空间提供高效传播。论坛帖子包括各种置顶帖、普通帖、连环帖、论战帖、多图帖、视频帖等。再利用论坛强大的聚众能力,利用论坛作为平台举办各类踩楼、灌水、贴图、视频等活动,调动网友与品牌之间的互动。从而达到企业品牌传播和产品销售的目的。

(5)网络博客营销

网络博客营销是指通过博客网站或博客论坛接触博客作者和浏览者,利用博客作者个人的知识、兴趣和生活体验等传播商品信息的营销活动。

网络博客营销本质在于通过原创专业化内容进行知识分享争夺话语权,建立起个人品牌,树立自己"意见领袖"的身份,进而影响读者和消费者的思维和购买行为。为了提供更丰富的信息,博客文章应适当链接涉及相关内容的来源,尤其是当文章中涉及某些重要概念(产品)时,应合理引用(链接)本公司的有关信息。

(6)聊天群组营销

聊天群组营销是即时通信工具的延伸,具体是利用各种即时聊天软件中的群功能展开的营销,目前有 QQ 群、MSN 群、旺旺群、新浪聊天吧群等。

聊天群组营销时借用即时通信工具具有成本低、即时效果和互动效果强的特点,广为企业采用。它是通过发布一些文字、图片等方式传播企业品牌、产品和服务的信息,从而让目标客户更加深刻地了解企业的产品和服务,最终达到宣传企业品牌、产品和服务的效果,加深市场认知度的网络营销活动。

(7)网络知识性营销

网络知识性营销是利用百度的“知道”“百科”新浪的“爱问”或企业网站自建的疑问解答板块等平台,通过与用户之间提问与解答的方式来传播企业品牌、产品和服务的信息。

网络知识性营销扩展了用户的知识层面,让用户体验企业和个人的专业技术水平和高质服务,从而对企业和个人产生信赖和认可,最终达到传播企业品牌、产品和服务的信息。

(8)网络事件营销

网络事件营销是企业、组织主要以网络为传播平台,通过精心策划、实施可以让公众直接参与并享受乐趣的事件,并通过这样的事件达到吸引或转移公众注意力,改善、增进与公众的关系,塑造企业、组织良好的形象,并最终促成产品或服务的销售目的、手段和方式。

社会上出现的网络红人和汶川地震时的《封杀王老吉》都属于成功的网络事件营销典型案例。

(9)网络口碑营销

网络口碑营销是把传统的口碑营销与网络技术有机结合起来的新的营销方式,是在应用 Internet 互动和便利的特点,在 Internet 上通过消费者或企业销售人员以文字、图片、视频等口碑信息与目标客户之间而进行的互动沟通,两者对企业的品牌、产品、服务等相关信息进行讨论,从而加深目标客户的影响和印象,最终达到网络营销的目的。

网络口碑营销是 Web2.0 网络中最有效的传播模式。网络口碑营销在国际上已经盛行很久,美国有专门的协会来对此领域进行专门的权威的探讨。

(10)网络直复性营销

网络直复性营销是指生产厂家通过网络,直接发展分销渠道或直接面对终端消费者销售产品的营销方式。如 B2C、B2B 等。

网络直复性营销是通过把传统的直销行为和网络有机结合,从而演变成一种全新的、颠覆性的营销模式。很多中小企业因为分销成本过大和自身实力太小等原因,纷纷采用网络直复性营销,想通过其成本小、收入大等特点,达到以小博大的目的。

(11)网络视频营销

网络视频营销指的是企业将各种视频短片以各种形式放到 Internet 上，达到宣传企业品牌、产品以及服务信息的营销手段。网络视频广告的形式类似于电视视频短片，它具有电视短片的种种特征，如感染力强、形式内容多样、肆意创意等。同时，它又具有 Internet 营销的优势，如互动性、主动传播性、传播速度快、成本低廉等。可以说，网络视频营销，是将电视广告与 Internet 营销两者“宠爱”集于一身。

(12)网络图片营销

网络图片营销就是企业把设计好的有创意的图片，在各大论坛、空间、博客和即时聊天等工具上进行传播或通过搜索引擎的自动抓取，最终达到传播企业品牌、产品、服务等信息，达到营销的目的。

(13)网络软文营销

网络软文营销又称网络新闻营销，是指通过网络上门户网站、地方或行业网站等平台传播一些具有阐述且新闻性和宣传性强的文章，包括一些网络新闻通稿、深度报道、案例分析等，把企业、品牌、人物、产品、服务、活动项目等相关信息以新闻报道的方式，及时、全面、有效、经济地向社会公众广泛传播的新型营销方式。

(14)RSS 营销

RSS 营销又称网络电子订阅杂志营销，是指利用 RSS 这一 Internet 工具传递营销信息的网络营销模式，RSS 营销的特点决定了它比其他邮件列表营销具有更多的优势，是对邮件列表的替代和补充。使用 RSS 的都是以行业业内人士居多，如研发人员、财经人员、企业管理人员等，他们会在一些专业性很强的科技型、财经型、管理型等专业性的网站，用邮件形式订阅杂志和日志信息，达到了解行业新信息的需求。

(15)SNS 营销

SNS，全称 Social Networking Services，即社会性网络服务。中国人人网、开心网等都是 SNS 型网站。这些网站旨在帮助人们建立社会性网络的 Internet 应用服务。SNS 营销是随着网络社区化而兴起的营销方式。SNS 社区在中国快速发展的时间并不长，但是 SNS 现在已经成为备受广大用户欢迎的一种网络交际模式。SNS 营销就是利用 SNS 网站的分享和共享功能，在六维理论的基础上实现的一种营销。通过病毒式传播的手段，让企业的产品、品牌、服务等信息被更多的人知道。

【眼下留神】

- 开展网络博客营销的基础问题是对某个领域知识的掌握、学习和有效利用，并通过对知识的传播达到营销信息传递的目的。
- 网络软文营销是企业软性渗透的商业策略在广告形式上的实现，通常借助文字表达与舆论传播使消费者认同某种概念、观点和分析思路，从而达到企业品牌宣传、产品销售的目的。
- 网络博客营销注意不要链接低质量网站；不要链接那些可信度不高的网站；不

要链接已经被搜索引擎删除的网站。

- BBS 营销要由硬到软,结合网络软文营销。
- BBS 营销要找到目标市场高度集中的行业论坛。

【日积月累】

- 搜索引擎是目前最重要、效果最明显的网站推广方式,也是最为成熟的一种网络营销方法。
- BBS、聊天室、讨论组都属于网络社区,利用网络社区的营销称为网络社区营销。
- 网络病毒性营销的 6 个基本要素:提供有价值的产品或服务;提供无须努力地向他人传递信息的方式;信息传递范围很容易从小向很大规模扩散;利用公共的积极性和行为;利用现有的通信网络;利用别人的资源。
- 小世界现象(又称小世界效应),也称六度空间理论、六度分隔理论(英文:Six Degreesof Separation)。假设世界上所有互不相识的人只需要很少中间人就能建立起联系。这种现象,并不是说任何人与其他人之间的联系都必须通过 6 个层次才会产生联系,而是表达了这样一个重要的概念:任何两个素不相识的人,通过一定的方式,总能够产生必然联系或关系。
- 国内知名博客网站:

网易博客

新浪博客

搜狐博客

TOM 博客

任务三　网络营销策略

营销策略是企业以顾客需要为出发点,根据经验获得顾客需求以及购买力的信息、商业界的期望值,有计划地组织各项经营活动,通过相互协调一致的产品策略、价格策略、渠道策略和促销策略,为顾客提供满意的商品和服务而实现企业目标的过程。

本任务要求你:

①了解网络市场定价的特点和目标。

②掌握网上市场定价的策略和如何进行免费价格定价。

一、认识网络营销策略

从营销理论的发展来看,服务在竞争中的作用日益突出。20 世纪 60 年代以营销组合即产品(Product)、定价(Price)、分销(Place)、促销(Promotion)作为营销理论的经典,成为企业市场营销的基本运营方法。

早在2002年12月,耐克就冠名新浪体育频道,携手"新浪竞技风暴"栏目,成为首家网络媒体栏目的赞助商。紧随而来的是,2003年8月1日,受耐克冠名新浪体育频道的启发,其他企业也开始采用网络营销,如安踏结盟搜狐共同合作安踏·搜狐体坛风云频道,成为最早迈出网络营销的国内体育运动品牌。与各大网站体育频道合作,不仅使网站体育频道的内容更加丰富,而且使网络氛围更具色彩性,吸引更多的网络受众的关注,增加消费者对品牌的认知和好感。

耐克的官方网站是一个非常成功的企业网站。早期耐克网站是一个提供有关耐克公司信息、发布信息型的网站;随着网络的发展,逐渐变成在线销售渠道而不只是信息获取渠道的网站;近年来,耐克网站又发生了很大的转变,不再以卖产品为主,而是通过各种方式建立一个类似于体育俱乐部、球迷俱乐部形式的商务网站,主要目的就是用各种形式将来自世界各地的体育迷、球迷聚集在一起(类似于北京的一些球迷酒吧、餐馆一样),为他们提供一个相互交流、相互探讨的平台。通过这种活动,精明的商务网站的管理者,会从中发现大众消费者的消费热点、价值取向。通过体育话题,为提供球迷宣泄、交流的平台,达到宣传产品的效果。

①请你通过Internet、图书馆等途径查询与网络营销策略相关的资料,谈一谈网络营销策略有哪些?

②你认为耐克网站的成功之处在哪里?

【学路领航】

20世纪80年代,美国劳特朋针对4P存在的问题提出了4Cs营销理论,即从消费者的需要与欲望(Consumer Wantsand Needs)出发,考虑消费者愿意支付的成本(Cost)、消费者交易的便利性(Convenience),并通过消费者沟通(Communications)把顾客和企业的利益整合在一起。4Cs营销理论注重以消费者需求为导向,但被动适应顾客需求的色彩较浓。随着市场的进一步发展,面对竞争的加剧、客户群的不稳定、企业缺乏营销特色、缺乏满足客户需求的可操作性等新问题,需要企业从更高层次以更有效的方式在企业与顾客之间建立起有别于传统的互动性关系。

4S是指满意Satisfaction、服务Service、速度Speed和诚意Sincerity。其优点为:建立起一种"消费者占有"的导向,要求企业针对消费者的满意程度对产品、服务、品牌不断进行改进,从而达到企业服务品质最优化,使消费者满意度最大化,进而使消费者达到对企业产品产生一种忠诚。其缺点为:对于一个企业来说,要达到使消费者满意,并且树立起企业的独特品牌有相当大的难度。这不仅关系企业的决策层,更关系企业上上下下每一个员工的态度,更要求要树立一定的企业文化,才能达到对顾客的服务最好最精,才能使顾客满意,对企业的品牌产生认可。

近年来,美国DonE. Schultz提出了4Rs(关联Relevance、反应Reaction、关系Relation-ship、回报Return)营销新理论。具体包括:

(1)与顾客建立关联

在竞争性市场中,顾客具有动态性。顾客忠诚度是变化的,要提高顾客的忠诚度,赢得长期而稳定的市场,重要的营销策略是通过某些有效的方式在业务、需求等方面与顾客建立关联,形成一种互助、互求、互需的关系,把顾客与企业联系在一起,特别是企业对消费品市场营销,更需要靠关联、关系来维系。

(2)提高市场反应速度

在今天相互影响的市场中,对经营者重要的是如何站在顾客的角度及时地倾听顾客的希望、渴望和需求,并及时答复和迅速作反应,满足顾客的需求。当代西方一些企业已从过去推测性商业模式,转移为高度回应需求的商业模式。面对迅速变化的市场,要满足顾客的需求,建立关联关系,企业必须建立快速反应机制,提高反应速度和回应力。这样可最大限度地减少抱怨,稳定客户群,减少客户转移的概率。

(3)关系营销越来越重要

在企业与客户的关系发生了本质性变化的市场环境中,抢占市场的关键已转变为与顾客建立长期而稳固的关系,从管理营销组合变成管理和顾客的互动关系。于此企业将面临以下重大转变:

①从交易营销转向关系营销。交易营销,与特定的顾客进行一次性交易,而不是有意发展任何持久的顾客关系。关系营销,致力于发展和强化连续的、持久的顾客关系的长期营销战略。在关系营销中,互动营销是关键。生产和消费的交接处表示买卖双方的相互作用,其中会出现真实瞬间。由于这些相互作用对市场营销的影响出现在互动过程中,这部分营销称为互动营销职能。

②从着眼于短期利益转向重视长期利益。

③从单一销售转向建立友好合作关系。

④从以产品性能为核心转向以产品或服务给客户带来的利益为核心。

⑤从不重视客户服务转向高度承诺。

(4)回报是营销的源泉

一方面,追求回报是营销发展的动力;另一方面,回报是维持市场关系的必要条件。

【眼下留神】

- 4R 理论以关系营销为核心,重在建立顾客忠诚,同时强调以竞争为导向。
- 4R 营销组合中,企业容易受到突发事件的干扰。

【日积月累】

- 4R 营销的四要素:紧密联系顾客、提高对市场的反应速度、重视与顾客的互动关系、回报是营销的源泉。
- 4R 营销组合的目标在于为客户提供一揽子的全套解决方案,满足顾客多层次需求,产生某种利益回馈机制等关联、关系形式,使客户成为企业忠实的合作伙伴。

• 企业运用反应策略通常需要具备 4 个方面的条件：一是企业要建立快捷的营销信息系统；二是建立敏捷制造系统；三是建立灵活便捷的分销系统；四是实现组织结构的柔性化。

二、考察常用网络营销策略

微信无疑是最火的移动社交应用，星巴克一直走在科技与时尚的前沿，自然要在微信这个新兴平台进行尝试。9 月，星巴克在其微信中推出"自然醒"活动：在微信中加"星巴克中国"为好友，只需发送一个表情符号，星巴克将即时回复你的心情，即刻享有星巴克《自然醒》音乐专辑，获得专为您心情调配的曲目，感受自然醒的超能力，和星巴克一同点燃生活的热情和灵感。这种创新式的互动推广获得了消费者的喜爱。之后，星巴克又推出"星巴克闹钟"活动，以配合早餐系列新品上市。下载星巴克 App，按下闹钟后 1 小时内到达星巴克门店，即可在正价购买饮料的同时，享受早餐食品半价的优惠。一经推出，便受到广大星巴克粉丝和手机用户的青睐，在微博上被大力推荐和分享。

星巴克的思路更多的是和网友互动交流，通过打造创新新颖的活动内容、交流内容吸引网友的关注。星巴克始终秉承"连接彼此"的企业文化内涵，促进人们之间真诚的交流，并随时随地带来美好生活新体验和"星"乐趣。闹钟的活动让消费者可以真实享受折扣，使消费者真正获益，从而获得消费者的持续关注。

①请你通过阅读材料，谈一谈星巴克的成功与使用微信营销的关系。

②请你通过 Internet、图书馆等途径查询与网络营销策略相关的资料，谈一谈什么是网络营销策略。

【学路领航】

1. 产品策略

产品策略是指企业以向目标市场提供各种适合消费需求的有形和无形产品的方式来实现其营销目标。企业在制订经营战略时，首先要明确企业能提供什么样的产品和服务去满足消费者的要求，也就是要解决产品策略问题。其中主要包括商标、品牌、包装、产品定位、产品组合、产品生命周期等方面的具体实施策略。

2. 定价策略

定价策略是指企业以按照市场规律制订价格和变动价格等方式来实现其营销目标。价格是顾客为得到一单位产品或劳务而必须支付的货币数量单位，是由市场供应方和需求方共同决定的，定价是否恰当会直接影响产品或服务的销量和企业的利润额，也是市场竞争的主要手段。网上经营也不例外。

(1)影响网络定价的主要因素

①定价目标

在市场经济中，定价的目标主要有以下 4 点：其一，利润目标。即在企业所能掌握的市场信息和需求预计的基础上，按照已达到的成本水平，适当定价，以追求所能得到的最大利润。其二，市场份额。有些企业的定价目标是大幅度增加销售量，以提高市场占有率，为此，需制订相当低的价格，不惜放弃目前的利润水平，甚至不顾目前的生产成本。其三，促销目标。以增加产品的销售额作为定价目标，有两种情况：一种是企业的定价目标是增加整条产品线的销售额，而不是被定价产品本身的利润或者市场份额；另一种是当企业的联合成本、间接成本等复杂因素无法计算出成本函数时，就以获得最大销售收入代替最大利润作为定价标。其四，市场削价目标。这是一种新产品的定价目标，即企业定出尽可能高的价格，争取在新产品上市的初期就取得尽可能多的利润，一旦销售下降时就有充分的余地主动逐步削价。

②成本因素

对企业的定价来说，成本是一个关键因素。企业产品定价以成本为最低界限，产品价格只有高于成本，企业才能补偿生产上的耗费，从而获得一定盈利。但这并不排斥在一段时期个别产品价格低于成本。产品成本是定价的最低经济界限。按量本利盈亏分析法，一定时期内总的价格水平必须超过盈亏平衡点的产销数量，这时候才有利润。只有在市场情况恶劣的情况下，作为短期权宜之计，可以把售价降到比变动成本稍高一点卖出。在实际工作中，产品的价格是按成本、利润来制订的。成本又可分解为固定成本和变动成本。产品的价格有时是由总成本决定的，有时又仅由变动成本决定。成本有时又分为社会平均成本和企业个别成本。就社会同类产品市场价格而言，主要是受社会平均成本影响。在竞争很充分的情况下，企业个别成本高于或低于社会平均成本，对产品价格的影响不大。产品定价时，不应将成本孤立地对待，而应同产量、销量、资金周转等因素综合起来考虑。成本因素还要与影响价格的其他因素结合起来考虑。

③市场因素

市场的供求状况、市场竞争状况是影响企业产品定价的一个重要因素。当企业的产品在市场上处于供小于求的卖方市场条件时，企业产品可以实行高价策略；当企业的产品在市场上处于供大于求的买方市场时，企业应该实行低价策略；当企业的产品在市场上处于供给等于需求的均衡市场时，交易价格的形成基本处于均衡价格处。总之，需求价格弹性较大的产品，其营销价格相对较低；需求价格弹性较小的产品，其营销价格相对较高。

④竞争因素

竞争因素对价格的影响，主要考虑竞争对手的定价目标和定价策略以及变化趋势。首先要了解竞争的强度。竞争的强度主要取决于产品制作技术的难易，是否有专利保护，供求形势以及具体的竞争格局。其次，要了解竞争对手的价格策略，以及竞争对手的实力。最后，要了解、分析本企业在竞争中的地位。在营销实践中，以竞争对手为导向的定价方法主要有 3 种：一是低于竞争对手的价格；二是随行就市与竞争对手同价；三是高于竞争对手的价格。在定价过程中，企业应进行充分的市场调研以改变自己不利的信息劣势,对待竞争者则应树立一种既合作又竞争、共同发展的竞争观念,以谋求一种双赢结局。

企业的定价策略除受成本、需求以及竞争状况的影响外,还受到其他多种因素的影响。这些因素包括政府或行业组织的干预、消费者习惯和心理、企业或产品的形象等。

(2)网络定价主要策略

①低价定价策略

• 直接低价定价策略。由于定价时大多采用成本加一定利润,有的甚至是零利润,因此这种定价在公开价格时就比同类产品要低。它一般是制造业企业在网上进行直销时采用的定价方式。

• 折扣定价策略。在原价基础上进行折扣来定价。这种定价方式可以让顾客直接了解产品的降价幅度以便促进顾客的购买。这类价格策略主要采用在一些网上商店,它通过对购买来的产品按照市面上流行价格进行折扣定价。

• 网上促销定价策略。为了达到促销目的,对产品暂定低价,或暂以不同的方式向顾客让利的策略。促销定价除了前面提到的折扣定价策略外,比较常用的还有有奖销售和附带免费赠品销售。

②竞争定价策略

竞争定价策略是指根据竞争对手的不同情况,区别对待,差别定价。具体方法为:一是根据竞争对手的实力定价。如竞争对手的实力较弱,可先采取低价倾销,将对手逐出市场,然后再行提价。若竞争对手实力较强,则宜紧紧跟随,亦步亦趋,对方提价,我也提价;对方降价,我也降价。若双方旗鼓相当,势均力敌,则宜与对方在价格方面订立"君子协定",共同遵守,以免两败俱伤。另外,可在售后服务、代培人员、供应零配件方面与对手展开竞争。二是根据产品质量定价。若自己的产品质量十分优良,同行望尘莫及,可利用对手无法竞争的绝对优势,制订高价;若自己产品的质量一般,同行竞争者又较多时,为了扩大市场占有率,宜采取低价,薄利多销。

③个性化定价策略

消费者往往对产品外观、颜色、样式等方面有具体的内在个性化需求,个性化定价策略是指利用网络互动性和消费者的需求特征,来确定商品价格的一种策略。网络的互动性能即时获得消费者的需求,使个性化营销成为可能,也将使个性化定价策略有可能成为网络营销的一个重要策略。这种个性化服务是网络产生后营销方式的一种创新。

④捆绑销售策略

捆绑定价是指生产者将一种产品与其他产品组合在一起以一个价格出售。根据捆绑定价性质,可以将其划分为以下几种形式:

• 同质产品捆绑定价:按照提供的产品组合不同,可以把它划分为混合产品组合定价和单一产品组合定价。混合产品组合定价如航空公司对往返机票的定价;单一产品组合定价如在酒吧里面啤酒必须成打买卖。

• 互补式产品捆绑定价:即捆绑定价的产品在用途上具有互补性。如饭店将几种不同的菜捆绑成一份套餐进行定价;银行对其提供的一整套不可分的服务进行定价;旅行社对整个旅行线路进行定价。互补式产品的捆绑定价越来越广泛,大大突破了传统的产品与产品互补的概念。以至于摩根士丹利的3位经济学家史蒂文·加尔布雷恩、玛丽·维亚诺和埃尔摩·哈西在一个最近的报告中指出:由于制造业如GE、朗讯等增加了金融产品的供应,以致"制造业正变成许多公司'利润链'上的主要亏损者",言外之意在于:这些公司正通过将传统产品与金融贷款捆绑定价,向消费者"送掉产品",而依靠与产品捆绑的金融贷款赚钱。

• 非相关性产品捆绑定价:生产者将产品同竞争性的另外一种产品组合。被捆绑的产品不一定是和它一起销售产品的互补品,而只需要捆绑产品的消费者能够给生产者带来有关消费者对基本产品的支付意愿的信息。非相关性产品捆绑定价在一些多元化企业中和一些商场促销活动中表现得比较明显。

⑤声誉定价策略

在网络营销的发展初期,消费者对网上购物和订货还存在很多顾虑,如在网上订购的商品,质量能否得到保证,货物能否及时送达等。对于形象、声誉较好的企业来说,在进行网络营销时,价格相应可以高一些;反之,价格则低一些。

⑥品牌定价策略

品牌定价是消费者感知品牌价值高低及自己利益得失的重要依据,是消费者考虑购买该品牌商品重要因素及判断商品价值的基础。产品的品牌和质量会成为影响价格的主要因素,它能够对顾客产生很大的影响。如果产品具有良好的品牌形象,那么产品的价格将会产生很大的品牌增值效应。名牌商品采用"优质高价"策略,既增加了盈利,又让消费者在心理上得到满足。

⑦自动调价议价策略

根据季节变动、市场供求状况、竞争状况及其他因素,在计算收益的基础上,设立自动调价系统,自动进行价格调整。同时,建立与消费者直接在网上协商价格的集体议价系统,使价格具有灵活性和多样性,从而形成创新的价格。

三、分销策略

分销策略是指企业以合理地选择分销渠道的组织商品实体流通的方式来实现其营销目标。其中包括对和分销有关的渠道覆盖面、商品流转环节、中间商、网点设置以及储存运输等可控因素的组合和运用。在网络营销活动中,也有一个怎么样实现商品由推销方向购买方转移的问题,企业必须通过一定的分销策略来实现网络营销目标。网络营销渠道模式如图6-1所示。

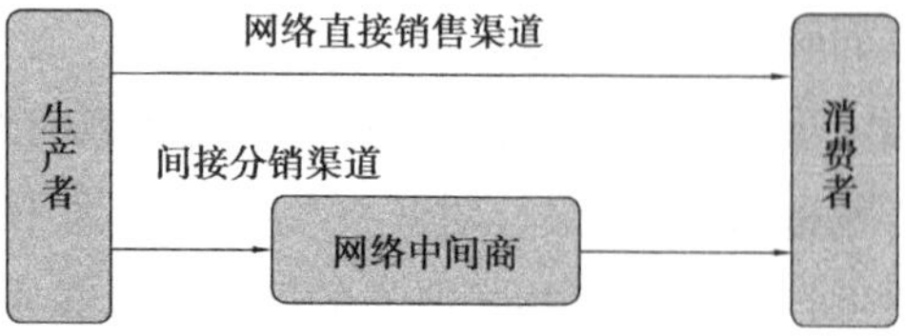

图 6-1　网络营销渠道模式

1. 网络直接销售

网络直接销售是指通过 Internet 直接接触最终用户，而不是通过批发商或零售商的商业运作模式。这种模式很大程度改变了传统的商业模式，通过直接了解客户的需要，把握市场的最新动态，尽可能地节约成本，更好地向客户提供服务。网络直接销售的形式有直销企业建立网站、直接网络派送和电子直邮营销。网络直接销售的流程如图 6-2 所示。

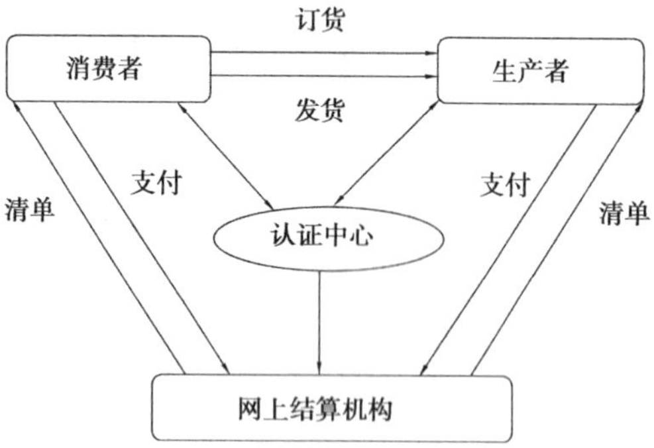

图 6-2　网络直接销售流程

(1)网络直接销售的特点

①因为直接销售的形式促成了消费者和生产商直接见面，这样生产商能够不断地了解消费者的需求，使得自己的产品符合消费者胃口，产品的开发和改进更有的放矢。

②网络直接销售简化了中间渠道，能大大降低企业的营销成本，能以更优惠的价格吸引客户，对于客户来说是以最小的投入得到最大的回报。

③直销形式能给厂商的促销活动提供平台，扩大市场的占有率，提高利润。

(2)网络直接销售的优势

①提高沟通效率。借助 Internet，网络直接销售实现了企业与顾客的直接沟通，企业可以直接搜集到真实的第一手资料，有针对性地安排生产，使企业能够更好地满足目标市场需求。

②给双方都带来了直接的经济利益。网络直接销售降低了企业的营销成本，企业以较低的价格销售其产品，消费者也能买到低于传统市场价格的产品。

③提高营销效率和促销的针对性。营销人员利用网络工具，如电子邮件、公告牌等，随时了解并满足顾客需要，有针对性地开展促销活动，迅速扩大产品的市场占有率。

④提高服务质量。企业通过网络及时了解用户对产品的意见和建议，并针对这些意见和建议提供技术支持和服务，迅速解决顾客在使用中遇到的问题，提高服务质量。

同时，通过交互式沟通，企业可以与顾客建立良好的互信关系，满足顾客的心理需求。

⑤有利于企业控制价格。与分销模式相比，网络直接销售使企业有能力并有效运用价格的差异性和一致性，控制产品价格，规范市场运作，避免中间商对产品价格的影响。企业的统一定价，避免了经销商相互哄抬价格。

⑥厂家可以给用户提供全天的服务，网络店铺是 24 小时不打烊的全天候营业店铺，消费者可以便捷地在任何时间、任何地点购买。

2. 网络间接销售

网络间接销售就是在网络直接销售的渠道流程中多了一个网络中介商。这种网络中介商是以虚拟的市场和场所的形式存在，帮助消费者获得更多的商品、经销商和生产上的信息，提供第三方的评价，选择经销商，加快消费者和生产者之间的信息流动和沟通，促进销售，如图 6-3 所示。

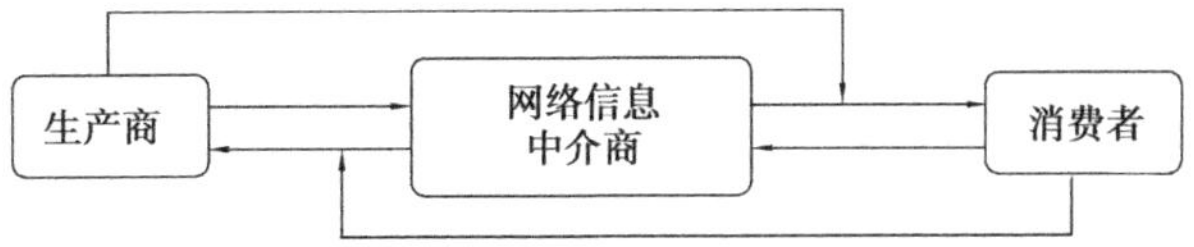

图 6-3 网络间接销售的渠道流程

网络商品交易中介机构的基本功能是连接网络上推销商品或服务的卖方和在网络上寻找商品的服务的买方，成为连接买卖双方的枢纽，使得网络间接销售具有可能。网络间接分销渠道流程如图 6-4 所示。

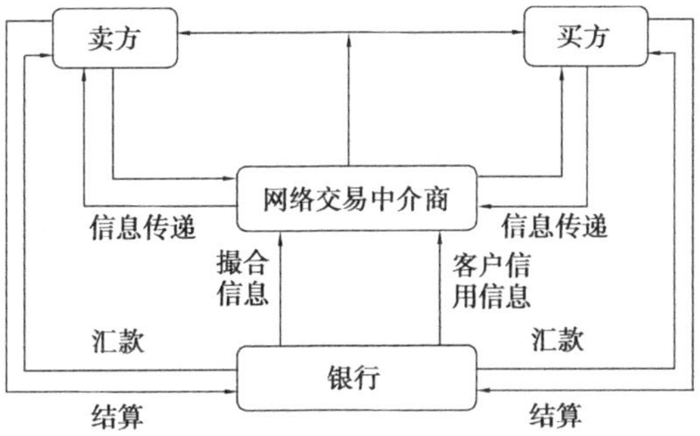

图 6-4 网络间接分销渠道流程

网络营销渠道的中介模式为电子交易市场。电子交易市场即在线中间商，完全承担起为买卖双方收集信息的作用，同时也利用其在各地的分支机构，承担起批发商和零售商的作用。

网络中间商与传统中间商存在的区别见表 6-1。

表 6-1 网络中间商与传统中间商的区别

	传统中间商	网络中间商
存在前提	减少交易成本	对传统直销的补充和替代
交易主体	一般只对客户，很少直接面对顾客(散户)	不直接参与生产者和消费者的交易活动
交易内容	参与交易活动	电子中间商提供信息交流的媒体和场所

四、网络促销策略

网络促销是指利用现代化的网络技术向虚拟市场传递有关商品和劳务的信息,以启发需要,引起消费者购买欲望和购买行为的各种活动。

1. 网络促销的特点

(1)网络化

网络促销是通过网络技术传递有关信息,从事网络促销的营销者不仅要熟悉传统的营销知识和技巧,还要有相应的计算机网络技术知识。

(2)虚拟化

网络促销是在虚拟市场上进行的,即在 Internet 上进行的。需要采用虚拟市场的思维方式,跳出实体市场的局限性。

(3)全球化

虚拟市场导致企业面对世界统一的大市场,面临全球性的竞争。

2. 传统营销的促销形式

传统营销的促销形式主要有 4 种:广告、销售促进、宣传推广和人员推销。相应的网络促销形式也有 4 种:网络广告、销售促进、站点推广和关系营销。

(1)网络广告

网络广告类型很多,根据形式不同可以分为旗帜广告、电子邮件广告、电子杂志广告、新闻组广告、公告栏广告等。网络广告主要是借助网上知名站点、免费电子邮件和一些免费公开的交互站点发布企业的产品信息,对企业和产品进行宣传推广。网络广告作为有效而可以控制的促销手段,被许多企业用于网上促销,但花费的费用也不少。

(2)销售促进

销售促进是指企业利用可以直接销售的网络营销站点,采用一些销售促进方法,如价格折扣、有奖销售、拍卖销售等方式,宣传和推广产品。

(3)站点推广

站点推广就是利用网络营销策略扩大站点的知名度,吸引上网者访问网站,起到宣传和推广企业以及企业产品的效果。站点推广主要有两大类方法:一类是通过改进网站内容和服务,吸引用户访问,起到推广效果;另一类是通过网络广告宣传推广站点。

(4)关系营销

关系营销是指通过借助 Internet 的交互功能吸引用户与企业保持密切关系,培养顾客忠诚度,提高企业效率。

3. 网络促销方式

网络促销方式可以分为推销和拉销。

网络广告促销主要实施“推销”,其主要功能是将企业的产品推向市场,获得广大消费者的认可。

网络站点促销主要实施“拉销”，其主要功能是将顾客牢牢地吸引过来，保持稳定的市场份额。

4. 网络促销与传统促销的区别

虽然传统促销和网络促销都表现为引导消费者的注意和兴趣，激发他们的购买欲望，并最终实现其购买行为。由于网络强大的通信能力和覆盖面积，网络促销在时间和空间的观念、信息传播模式以及顾客参与程度都与传统的促销活动发生了较大的变化。

(1)时空观念的变化

传统商品销售和消费者群体都有一个物理半径的限制，网络营销大大突破了这个原有的半径，使之成为全球范围的竞争。传统的产品订货都有一个时间限制，而在网络上，订货和购买可以在任何时间进行。

(2)信息沟通方式的变化

网络上信息沟通渠道是单一的，但沟通的内容是丰富的，在网上可以传输多种媒体的信息，如文字、声音、图像等信息，多媒体信息处理技术提供了近似于现场交易过程中的产品表现形式，这种双向的、快捷的、互不见面的信息传播又能够将买卖双方的意愿表达得淋漓尽致，也留给对方充分的时间思考。

(3)消费群体和消费行为的变化

网上购物者直接参与生产和商业流通的循环，他们可以大范围地选择和理性地购买。

【眼下留神】

- 直销不是传销。
- 建立更加完善的营销渠道：分销到直销的变化，要求企业直接面向最终用户进行商业活动。
- 产品策略可以通过产品组合，可以向下延伸、向上延伸和双向延伸。
- 产品在成熟期的利润和销量是最高的，导入期的时候利润可能是负数。
- 在价格策略上，网络分销商需要制订有足够竞争力的价格，才能达到消费者的心理标准。

【日积月累】

- 价格策略主要是指产品的定价，主要考虑成本、市场、竞争等，企业根据这些情况来给产品进行定价。
- 产品策略主要是指产品的包装、设计、颜色、款式、商标等，给产品赋予特色，让其在消费者心目中留下深刻的印象。
- 渠道策略是指企业选用何种渠道使产品流通到顾客手中。它有很多种渠道，如直销、间接渠道(分销、经销、代理等)。企业可以根据不同的情况选用不同的渠道。

• 促销策略主要是指企业采用一定的促销手段来达到销售产品，增加销售额的目的。手段有折扣、返现、抽奖、免费体验等多种方式。

• 消费品分为便利品、选购品、特殊品、非渴求商品。

• 影响渠道选择的因素：产品、市场、企业、环境、中间商。

• 网络渠道是企业销售产品、提供服务的快捷途径，它的实现使商品所有权转移的作用进一步加强。